BABYZNESS

BÉRANGÈRE LEPETIT
ELSA MARNETTE

BABYZNESS

Robert Laffont

ISBN 978-2-221-26870-4
Dépôt légal : septembre 2023
Éditions Robert Laffont – 92, avenue de France, 75013 Paris

À Clara

Avant-propos

Tout est parti d'un élan de colère.

Celle, d'abord, d'un collectif de parents de Neuilly-sur-Marne (Seine-Saint-Denis) qui ont décidé début 2022, après avoir perdu confiance, de déserter ensemble une crèche où ils avaient placé leurs enfants.

Quelques jours plus tard, la même colère teintée d'indignation se manifestait dans un long mail qu'un père d'un petit de deux ans a envoyé à la rédaction du *Parisien*, comme une bouteille à la mer. Cet homme estimait que la vie de son fils avait été mise en danger dans une micro-crèche des Yvelines. L'enfant avait failli s'enfuir et avait été récupéré *in extremis* devant l'entrée de la structure.

Nous étions en avril 2022 et nous nous penchions pour la première fois sur les dérives supposées des entreprises de crèches privées. À l'époque déjà, l'expression «l'Orpea des tout-petits» avait été prononcée par le père en colère des Yvelines. C'est ainsi que nous avions intitulé notre premier article qui portait sur les dysfonctionnements en série observés dans différentes micro-crèches de la région parisienne. La référence au livre de Victor Castanet *Les Fossoyeurs* paru début 2022 s'imposait. L'ouvrage, qui venait de sortir, évoquait les pratiques délétères des gestionnaires privés d'établissements d'hébergements pour personnes âgées dépendantes (Ehpad) et notamment les déviances d'un groupe en particulier, le numéro un mondial, Orpea. Il a agi comme une déflagration.

Durant l'enquête au long cours que nous avons ensuite décidé de mener, de nombreux interlocuteurs ont évoqué celle de Victor Castanet, nous ont encouragés à poursuivre nos recherches. Comme si, après les maisons de retraite, il était devenu nécessaire et urgent de s'attaquer à l'autre bout du spectre de la dépendance, celui de la petite enfance. Comme les personnes âgées, les bébés, les tout-petits de zéro à trois ans sont des êtres vulnérables, qui ne peuvent pas s'exprimer. Comme les personnes âgées, ils ne disposent d'aucun porte-parole, d'aucun syndicat. Nous découvrirons même que nul collectif de parents n'est parvenu à se structurer, toutes ces années, autour du sujet des modes de garde et de l'accueil en crèche.

En juin 2022, à Lyon, un bébé de onze mois est mort d'avoir été aspergé de Destop par une employée d'une crèche lyonnaise du groupe privé People and Baby. Ce fait divers a glacé la France aux premiers jours de l'été. Ici et là, les langues se sont déliées, les alertes provenant de parents et d'employés se sont multipliées. Ce qui n'était qu'un bruit de fond s'est soudain trouvé amplifié par le drame de Lyon, nous amenant à nous questionner. Que se passe-t-il derrière les portes des crèches privées (car ce sont bien dans ces structures-là, en particulier, que les dérives les plus graves nous ont été signalées) ? Comment sont traités nos enfants ? Sont-ils assez surveillés ? Leur parle-t-on correctement ? Ont-ils assez à manger ? Comment se déroulent les contrôles et quelle est leur fréquence ? Comment en est-on arrivé là ?

Nous nous sommes lancées dans ce travail en tant que journalistes, en tant que citoyennes, mais aussi en tant que mères de jeunes enfants. En juin 2022, l'une de nous a choisi d'inscrire sa fille en crèche et a ressenti le doute, l'angoisse sourde qui étreint de nombreux parents après l'horrible fait divers que nous venons de mentionner.

Il nous est vite apparu essentiel de nous emparer de ce sujet, celui de l'essor, ces vingt dernières années dans notre pays, des entreprises de crèches privées lucratives, à savoir, pour ne citer que les plus connues et les plus florissantes : Babilou, Grandir-Les Petits Chaperons rouges, People and Baby et La Maison bleue.

Clarifions d'emblée notre propos. Notre objectif n'est pas ici de jeter le discrédit sur un secteur dans son ensemble, ni de nous en prendre à une profession entière, celle des éducatrices de jeunes enfants (EJE) et des auxiliaires de puériculture qui manquent en nombre et dont le quotidien, souvent âpre, est jalonné de difficultés mal reconnues. Nous ne souhaitons pas non plus, en nous concentrant sur le seul secteur privé lucratif, signifier que les crèches municipales ou associatives sont exemptes de tout problème. Bien sûr, celles-ci ont également des difficultés à recruter du personnel qualifié, elles manquent parfois de moyens, mais ces dernières ne répondent pas aux mêmes impératifs de rentabilité et ne sont simplement pas l'objet de ce livre. Nous les laisserons de côté.

Aujourd'hui, 80 % des places de crèches qui ouvrent appartiennent au secteur privé lucratif. Même si celui-ci ne représente encore que 20 % de l'ensemble des berceaux disponibles en France, il connaît une telle expansion que celle-ci mérite d'être questionnée.

Le dynamisme économique et le succès, notamment à l'international, affichés par les quatre groupes précédemment cités ont vite attiré les fonds d'investissement. Comment expliquer que ces entreprises parviennent à atteindre des niveaux de rentabilité de l'ordre de 40 % du chiffre d'affaires par place[1] ?

À titre personnel, nous n'avons aucun problème avec le fait qu'elles gagnent de l'argent en proposant

1. « La politique d'accueil du jeune enfant », rapport de l'Inspection générale des affaires sociales (Igas), 2017.

des modes d'accueil pour les enfants et donc des solutions pour les parents. Mais le fait qu'elles soient largement subventionnées par l'argent public *via* les Caisses d'allocations familiales (CAF) ou encore les exonérations fiscales du Crédit impôt famille (Cifam), les contraint à une forme d'exemplarité. Exemplarité qui ne semble pas, ou plus, être la règle ces dernières années dans de nombreuses structures.

Enfin, quel est l'esprit qui prévaut véritablement dans ces crèches privées aux noms croquignolets, aux devantures parsemées de nounours et de visages de chérubins ? Pour se démarquer des concurrentes, certaines vont jusqu'à promettre des repas bios, des conversations en anglais pour les enfants. Mais le personnel est-il seulement toujours suffisant pour les consoler quand ils tombent ? Et quelles valeurs sont ainsi véhiculées ? Ne transmet-on pas aux tout-petits l'image d'un monde inhospitalier, où les visages qui les surplombent quotidiennement sont marqués par l'indifférence, la fatigue et même parfois le mal-être au travail ?

Tandis que notre époque se nourrit, souvent jusqu'à l'excès, des préceptes de l'éducation positive et bienveillante, qu'une réflexion est en cours sur la manière de s'adresser pendant les premières années de vie aux jeunes enfants, ces mêmes bébés seraient-ils devenus de simples marchandises ?

1

« Et vous, ça se passe comment dans vos crèches ? »

Un grand soleil d'automne inonde la place d'Alésia. Il fait frais, il fait beau et partout sur les trottoirs de ce quartier du sud de Paris, ce matin-là, des femmes en baskets marchent d'un pas vif et déterminé, comme si elles se rendaient à un rendez-vous important. Certaines ont préparé des pancartes, d'autres tiennent à la main des mégaphones, ou encore de vieux poupons en plastique, qui ballottent, tête à l'envers, contre leurs cuisses. Ils sont un peu usés, mal en point ; ils ont un œil amoché, un bras désarticulé. Malgré l'atmosphère conviviale, presque joyeuse, qui plane dans la rue, une certaine étrangeté se dégage de la scène.

La date du 6 octobre 2022 a été annoncée depuis plus de deux semaines par les syndicats et le collectif Pas de bébés à la consigne. Cette fois, la grève dans les crèches devrait être suivie. La rentrée s'est mal passée, il y a un mois. Trop de personnel manque à l'appel. Les auxiliaires de puériculture et

EJE – qui représentent en moyenne 98 % du personnel dans les établissements d'accueil du jeune enfant (EAJE) – se sont passé le mot. Elles sont bien décidées à se faire entendre.

Le lieu de rendez-vous a été judicieusement choisi. Située à un jet de pierre du métro Alésia, la place des Droits-de-l'Enfant se noircit vite de monde. Au-delà de son nom symbolique, elle est située à une bonne heure de marche du ministère de la Santé, la destination du cortège. Au milieu de la placette trône une fontaine Wallace qui sert de point de ralliement. Certains ont parcouru des kilomètres depuis leur lointaine banlieue, se sont réveillés à l'aube pour être présents. On s'embrasse, on se donne quelques nouvelles. L'été vient de s'achever. Cette manifestation sert aussi de retrouvailles.

Peu après 10 heures, le cortège se met en branle. On tient les pancartes à bout de bras, les premiers coups de sifflet retentissent. À l'avant, dans le carré de tête, la fameuse banderole géante jaune et bleu «Pas de bébés à la consigne» est de sortie, comme à chaque manif. À gauche, la photo n'a pas été changée depuis des lustres. La même bouille ronde de bébé blondinet s'affiche, année après année, sur la banderole du collectif. Il a dû grandir, depuis tout ce temps, devenir un ado. Mais sur la photo, il a toujours deux ans.

Birgit Hilpert, à l'origine de la création de ce collectif de professionnels des crèches en 2009, ouvre la marche. Elle qui tient fermement sa banderole ce matin n'a eu ni le temps ni le loisir d'actualiser le cliché. Elle y a bien pensé plusieurs fois, mais l'EJE qui bat le pavé depuis des années pour améliorer les modes d'accueil a bien d'autres préoccupations en tête. Il lui arrive aussi d'être un peu lasse de rabâcher les mêmes revendications, de répéter les mêmes slogans. Elle est toujours là, pourtant. Devant elle, le médecin de la Protection maternelle et infantile (PMI) Pierre Suesser, son compagnon de route de toujours, marche à reculons pour encadrer le cortège.

Soudain, quelques centaines de mètres après le départ, la foule s'arrête net. Une rumeur commence à enfler, des éclats de colère résonnent. Des manifestants, arrêtés dans leur élan, se mettent à huer quelqu'un ou quelque chose. Des doigts désignent un bâtiment sur le trottoir de droite. Les pancartes s'agitent, les poupons en plastique virevoltent au-dessus des têtes devant l'immeuble en question qui abrite une crèche People and Baby. Pourquoi ce soudain accès de rage? Est-ce ici que se trouvent les responsables de la situation?

Le mot d'ordre de la manifestation est pourtant bien plus large. Il englobe la détérioration des conditions de travail, que ce soit dans le secteur public ou privé. Celles et ceux qui battent le pavé réclament des revalorisations de salaire et l'augmentation massive des places en centre de formation pour les métiers de la petite enfance, confrontés à une pénurie criante de professionnels. Cette année, certaines crèches n'ont même pas pu ouvrir leurs portes, faute de personnel suffisant. Un décret publié au *Journal officiel* (*JO*) début août par le gouvernement a fini de mettre le feu aux poudres. Depuis le 31 août, les crèches peuvent recruter des personnes non titulaires des traditionnels diplômes de la petite enfance. La puissance publique parie qu'elles pourront être formées sur le terrain, par les salariées déjà en place. Une manière pour l'État de répondre à la pénurie de personnel, mais un camouflet pour toutes ces femmes, lasses de n'être pas assez reconnues dans leur travail. Disons aussi que le calendrier a été particulièrement mal choisi.

Car le bâtiment devant lequel passe le cortège ravive de récents et douloureux souvenirs. People and Baby : c'est dans cette entreprise, pointée du doigt par les manifestants ce matin-là, qu'un drame s'est produit, au début de l'été. Pour beaucoup, People représente le mouton noir, l'endroit où il ne faut pas mettre les pieds, sous peine de finir lessivée au bout d'un mois. Certaines en ont encore les larmes aux yeux, rien qu'à évoquer ce qui s'est passé.

Le 22 juin, Lisa, une petite fille de onze mois, est morte dans une micro-crèche People and Baby à Lyon. Il était 7 h 30, la structure venait d'ouvrir ses portes, et Myriam J., l'auxiliaire de puériculture de vingt-sept ans qui était là, seule, devait faire le ménage avant que les autres enfants n'arrivent. Déposée la première par ses parents, très tôt le matin, Lisa rampait sur le sol et pleurait. La salariée, titulaire du CAP petite enfance passé en candidate libre, a alors saisi une bouteille de Destop, qui n'aurait jamais dû se trouver là, et en a aspergé l'enfant. Face aux enquêteurs, elle reconnaîtra aussi lui avoir fait boire de ce produit à base de soude caustique. Elle dira avoir été fatiguée, excédée par les pleurs de la petite. Depuis, Myriam J., mise en examen pour homicide sur mineur et présumée innocente, reste incarcérée.

Les pleurs ont cessé mais leurs souvenirs glacent encore le sang de toutes ces femmes, quels que soient leur âge, leur expérience, leur niveau de diplôme, bac + 1, + 2, + 3, qui manifestent ce matin. People and Baby, le nom de l'entreprise, est désormais connu du grand public, marqué au fer rouge alors qu'une généralisation serait hasardeuse. Jamais les médias n'auront autant parlé de ce secteur dont ils se désintéressent depuis des années. Il aura donc fallu un drame.

Dans les jours qui ont suivi, l'entreprise s'est défendue dans une lettre qu'elle a adressée aux autres parents de jeunes enfants accueillis au sein de ses structures[1]. « La professionnelle, seule comme le permet la réglementation, avec un enfant présent depuis 7 h 35, a appelé les secours dès 8 h 05 avec l'aide d'une famille qui venait d'arriver. Rien ne pouvait présager d'un tel acte », a soutenu la direction dans une lettre aux parents. Une manière

1. « "Rien ne pouvait présager d'un tel acte" : le message des crèches People and Baby après le meurtre d'un bébé », *Lyon Mag*, 27 juin 2022.

de rappeler que le groupe, respectueux de la législation, ne devait en aucun cas être tenu responsable. À ce jour, il ne fait l'objet d'aucune poursuite judiciaire. La lettre s'achevait par un étonnant message de défiance vis-à-vis des médias : «Je vous invite également à prendre avec beaucoup de distance les communications des médias qui, nous le savons tous, sont friands de ce type d'événement et se font un plaisir de les déformer pour faire le buzz.»

Le drame a entraîné une avalanche d'articles. Mais il a aussi suscité une multitude de réactions, jusqu'au plus haut sommet de l'État. Début juillet, le nouveau ministre des Solidarités, en charge du secteur de la famille et la petite enfance, Jean-Christophe Combe, annonçait ainsi avoir saisi l'Igas. Une mission qui vise à apporter «rapidement des éclaircissements quant aux facteurs qui, dans cette crèche, dans ce réseau, ou dans le cadre général des modes d'accueil, auraient pu concourir à l'installation de situations de danger ou de maltraitance». Révélées neuf mois plus tard, les conclusions de ce rapport susciteront une large émotion.

Tous les acteurs de la petite enfance, syndicats, organisations professionnelles, ont aussi pris la parole. Certains n'ont pas hésité à établir un lien entre le drame et le malaise qui traverse le secteur.

Dans un communiqué, le seul organisme qui rassemble à la fois les professionnels et les parents, l'Association des collectifs Enfants parents professionnels (Acepp), s'est ému d'« un événement tragique qui interroge aujourd'hui de manière très violente la question des maltraitances sur personnes vulnérables ». Et de poursuivre : « Il s'agit clairement, pour nous, d'une crise conjoncturelle qui débouche sur une crise structurelle qui n'est pas sans rappeler celle qui secoue d'autres secteurs du soin. » Ils sont parmi les premiers, cet été-là, à établir un lien direct entre les récentes révélations touchant le secteur des Ehpad et les difficultés traversées par celui de la petite enfance.

Au-delà des communiqués, des réactions des politiques, des textes officiels, cet horrible fait divers s'est infiltré, insidieux, dans la tête de centaines de salariées du secteur qui, au lendemain de la révélation de l'affaire, se sont rendues au travail la boule au ventre, devant répondre plus que jamais aux questions des parents, s'interrogeant sur leurs propres pratiques, leurs conditions de travail, établissant sans le vouloir un parallèle entre le quotidien de Myriam J. et le leur.

« Moi, je me suis demandé pourquoi elle était toute seule. Pourquoi, oui, elle était toute seule alors que nous, c'est obligatoire d'être deux car on ne peut pas accueillir un enfant seule, si on a un malaise ou quoi, nous a ainsi confié Mélissa[1], EJE. Elle était toute seule, elle ne pouvait pas passer le relais. Nous, dès qu'on n'en peut plus, on passe

1. Anonyme. Entretien avec l'une des autrices, 3 novembre 2022.

le relais et on va boire un café. On explique à l'enfant : là, je peux plus, je vais te confier à telle personne. Toute seule, c'est plus compliqué. »

Ce petit bout de femme brune de vingt-trois ans, au franc sourire et au regard lumineux, travaille depuis deux ans chez l'un des leaders historiques du secteur. Malgré son enthousiasme pour le métier dans lequel elle fait ses premiers pas, Mélissa a défilé avec ses paires, en ce 6 octobre. Comme la plupart de ses compagnes de manif, elle a retenu, choquée, l'heure à laquelle s'est déroulé le drame : «Je me suis questionnée sur le fait d'être exténuée par des pleurs à 7 h 30. Comment on peut… Je n'ai pas les mots, je me suis dit que c'était fou. » Elle raconte aussi le grand ménage effectué dans sa crèche de région parisienne. « On avait du Cif, de la crème à récurer. Après le fait divers, ma directrice a tout viré au cas où. »

L'onde de choc s'est aussi propagée jusque dans les esprits des parents de jeunes enfants, ébranlant, chez certains, la confiance qu'ils mettaient dans la crèche de leur petit.

Alizée Ostrowski, âgée d'une trentaine d'années, salariée au Parti socialiste (PS) et mère d'une petite fille de neuf mois gardée dans une micro-crèche People and Baby, fait partie de ces adultes particulièrement marqués par le drame de Lyon. Nous l'avons rencontrée quelques mois plus tard, dans un café de sa ville, Vincennes, petite commune bourgeoise à l'est de Paris. « Avec mon compagnon, j'ai appris ça un week-end. On s'est regardés, on s'est dit que c'était peut-être un problème localisé[1] », confie cette jeune femme blonde au visage pâle. Il n'empêche. Le doute a commencé son travail de sape, laissant place à des peurs irrationnelles. « On a attendu une réaction de notre crèche mais à Vincennes, nous n'avons rien eu. Alors on a un peu paniqué. On s'est tournés vers des copains, parents de jeunes enfants à Marseille, en banlieue parisienne, à Lyon et on leur a dit : "Et vous, ça se passe comment dans vos crèches ? Est-ce que le problème est général ?" »

Tous les matins, pendant trois semaines, Alizée a continué de déposer sa fillette chez People and Baby. Dix mois plus tôt, elle s'était réjouie d'avoir trouvé cette crèche quand elle avait dû reprendre le travail après son congé maternité. Elle n'avait guère le choix, même si le couple payait l'équivalent d'un Smic mensuel, soit environ 1200 euros, pour ce mode de garde. Cet été-là, Alizée avait beaucoup de travail et peu de temps devant elle pour trouver une alternative. Mais l'inquiétude a quand même pris le dessus, entretenue par le souvenir de certains événements survenus dans la crèche de sa fille avant le drame de Lyon : un jour, la crise d'angoisse d'une salariée en pleine crèche ; un autre, les confessions d'une directrice

1. Entretien avec les autrices, 19 décembre 2022.

démissionnaire sur «le règne de l'argent au sein de la structure»...

Un matin, la jeune maman a fait un choix dont elle se félicite encore aujourd'hui : «On s'est décidés à sortir notre fille de la crèche et à la confier à une assistante maternelle.» Les choses n'ont pas été si faciles. Car Alizée et Nicolas l'ont découvert : retirer son enfant d'une structure People and Baby, procédure détaillée dans le contrat signé entre l'entreprise et les parents, est loin d'être une sinécure. «On a eu l'impression d'être emprisonnés, captifs», s'indigne encore la trentenaire. Nous y reviendrons.

Une fois sa fille sortie de la micro-crèche, Alizée n'a pas détourné les yeux du malaise régnant dans les métiers de la petite enfance, bien au contraire. En août, soit quelques jours plus tard, la jeune femme, militante depuis des années et rompue à la communication, a décidé de lancer une pétition pour alerter les pouvoirs publics. Son nom? «On ne laisse pas bébé dans un coin!» Le clin d'œil au film *Dirty Dancing*, avec Patrick Swayze et Jennifer Grey, pourra faire sourire mais Alizée, elle, était très sérieuse quand elle a écrit son texte. «Nous, parents d'enfants actuellement, ou ayant été, en crèches publiques ou privées, nous, citoyens français attachés à l'égalité, et à l'avenir de nos enfants, nous, femmes et hommes qui prônons une société des mêmes chances pour tous [...]. Nous nous inquiétons de la qualité d'accueil et de la sécurité de nos enfants.»

«Je ne voulais pas viser l'entreprise People and Baby en particulier mais alerter en général les pouvoirs publics sur la politique de la petite enfance», précise la mère de famille. Encore visible sur le site de Change.org, la pétition avait récolté, au moment où nous écrivions ces lignes, plus de 18 000 signatures. Parmi elles, celles d'une majorité de parents de jeunes enfants qui se sentaient touchés, que leur enfant soit en crèche ou non.

Dans sa petite commune de l'Isère, Lucie Briatte, orthophoniste et mère de trois jeunes enfants, a fait partie des premiers signataires. Parce qu'elle connaît bien Alizée Ostrowski et parce qu'elle avait eu des démêlés, il y a quelques années déjà, à la suite du rachat de la micro-crèche de sa fille, avec un de ces groupes qui avait tenté d'augmenter les frais d'inscription à 1 800 euros par mois, elle s'est vite sentie concernée par ce combat. Nous l'avons aussi rencontrée, à Lyon (Rhône-Alpes), non loin de la place Danton où la petite Lisa est morte. Elle nous a expliqué comment ce fait divers a été un révélateur pour elle, mère de famille et citoyenne.

«Au-delà de ce drame, il faut se poser les bonnes questions. Ce qui se passe actuellement dans le secteur de la petite enfance, c'est à mille lieues de ce qu'il faudrait faire. Il y a beaucoup d'affichages, beaucoup de promesses faites aux parents mais très peu de moyens qui suivent sur le terrain et un personnel sous pression[1] », analyse-t-elle. Puis Lucie Briatte a ajouté cette phrase, qui explique en partie l'émotion provoquée par cette tragique matinée du 22 juin 2022 : « Je me suis dit que c'était insupportable. Cette petite fille pouvait être notre enfant, elle pouvait être l'enfant de n'importe qui. »

1. Entretien avec l'une des autrices, 10 décembre 2022.

2

Omerta dans la petite enfance

La micro-crèche People and Baby de la place Danton, à Lyon, n'a pas rouvert ses portes après la mort de la petite Lisa. Les fleurs se sont d'abord amassées devant l'établissement situé dans ce quartier familial, non loin de la gare de la Part-Dieu, puis elles ont à leur tour disparu, laissant place à un grand vide. Lorsque nous sommes retournées sur les lieux, en décembre 2022, nous nous sommes retrouvées face à un bâtiment désaffecté, mais la devanture People and Baby était toujours visible depuis la rue. Tout comme les slogans du groupe : « Dans ma crèche, je mange bio, je m'émerveille, je suis zen, je m'exprime, je suis artiste. » Et, sur la porte d'entrée, cette inscription troublante : « Génération durable ».

Dans un communiqué rendu public en septembre, à peine trois mois après le meurtre, le groupe People and Baby se défendait encore : « Le rapport de la PMI sur la crèche Danton à Lyon confirme le respect des normes des taux d'encadrement, des diplômes, le respect des normes d'hygiène et de sécurité, et donc des conditions de travail de l'équipe.» Puis, en gras: «Ce rapport vient donc confirmer les déclarations de People and Baby publiées depuis juin et confirme que le gestionnaire et la crèche ne sont pas mis en cause par le département.» Le texte, en forme de plaidoyer, se terminait heureusement par une pensée pour les parents. Dans les mois qui ont suivi, le groupe a par ailleurs largement fait connaître ses changements de pratiques. Dans un communiqué, il assure désormais choisir de positionner deux professionnels matin et soir auprès des enfants, alors même que «la législation autorise une personne à l'ouverture et la fermeture, précise bien le texte. People and Baby est le seul groupe dont les crèches s'engagent à garantir un taux d'encadrement supérieur au seuil légal», se vante le groupe.

Ce n'est pas la première fois qu'un bébé âgé de quelques mois meurt dans une crèche. Il arrive que de très jeunes enfants décèdent dans ces établissements et les autopsies révèlent dans la plupart des cas que le petit a succombé à la mort subite du nourrisson (qui touche entre 250 et 350 bébés âgés de moins d'un an en France chaque année).

Ce n'est pas non plus la première fois qu'un bébé est tué par une salariée au sein d'une crèche. Les précédents sont rares, mais ils existent. En 2015, dans le 5e arrondissement de Paris, un enfant de cinq mois est décédé dans une crèche municipale.

Par la suite, l'auxiliaire de puériculture, qui travaillait depuis douze ans – dont huit dans cette structure publique – a avoué aux policiers qu'elle avait failli faire tomber l'enfant et qu'elle l'avait alors rattrapé par le bras, lui causant un choc important. Elle l'aurait ensuite, selon ses mots, « secoué énergiquement » pour lui faire reprendre conscience[1]. Transporté à l'hôpital, l'enfant y est mort. Non, le secteur privé n'a pas le monopole des drames et des maltraitances graves sur enfants.

Mais les centaines d'entretiens que nous avons menés nous ont en revanche confortées sur un point : ces dix dernières années, les principales alertes pour des suspicions de maltraitance, pour des accidents, pour des dysfonctionnements importants dans les crèches proviennent principalement du secteur privé lucratif. Il s'agit donc d'interroger ce constat, d'en comprendre et d'en analyser les multiples raisons.

Nous le verrons, très vite après le drame de Lyon, les langues se sont déliées, les plaintes se sont multipliées. Cela signifie-t-il pour autant que les parents n'étaient pas conscients des problèmes auparavant ? Osaient-ils au moins prendre la parole ? Ou bien sont-ils devenus, au fil du temps, plus exigeants ? Nous tenterons d'y voir plus clair. Il semble en tout cas que des précédents ont existé, partout sur le territoire, mais que ceux-ci ont parfois

1. Anne-Laure Frémont, « Mort d'un bébé dans une crèche : une salariée placée en détention », *Le Figaro*, 21 avril 2015.

été étouffés. Une simple recherche sur Internet permet de le constater : les articles faisant état de dysfonctionnements ou d'incidents graves qui se sont produits ces dix dernières années dans des crèches en France sont nombreux.

Ces derniers mois, un type de structure en particulier semble faire les frais de cette « mauvaise presse ». Il s'agit des micro-crèches. Rappelons au passage que ces établissements, qui peuvent accueillir depuis un arrêté de 2021 jusqu'à 12 enfants – et jusqu'à 115 % de leur capacité d'accueil, soit jusqu'à 14 enfants en cas d'urgence –, sont de petites structures qui emploient peu de personnel – jusqu'à 3 ou 4 employés dans le meilleur des cas – et qui se sont développées très rapidement dans notre pays depuis 2010. Certaines sont créées à l'initiative d'entrepreneurs indépendants, d'autres appartiennent à des réseaux plus importants. En mars 2022, nous étions alertées par des parents concernant des soupçons de négligence dans des micro-crèches privées d'Île-de-France. Dans notre enquête publiée dans le journal *Le Parisien* du 4 avril 2022[1], nous relayons notamment la colère de Nicolas Havette, un père des Yvelines dont le fils avait failli s'enfuir d'une micro-crèche à Poissy. Sa plainte déposée auprès du parquet de Versailles pour « délaissement de mineur » et « mise en danger de la vie d'autrui » avait rapidement été classée sans suite,

1. Bérangère Lepetit et Elsa Marnette, « Du rififi dans le milieu des micro-crèches », *Le Parisien*, 4 avril 2022.

suscitant d'ailleurs chez ce père une colère sans fin. À Neuilly-sur-Marne (Seine-Saint-Denis), en février de la même année, une dizaine de parents avaient retiré conjointement leurs jeunes enfants d'une micro-crèche et avaient porté plainte pour « mise en danger d'autrui, agression verbale et diffamation », avant de se rassembler en collectif. À ce stade, les enquêtes sont toujours en cours. À l'époque, nous posions déjà cette question : « Que se passe-t-il dans le monde de la petite enfance et en particulier dans celui des micro-crèches, qui propose à ce jour, d'après la Caf, plus de 57000 berceaux dans notre pays ? »

De manière prémonitoire, nous citions également le témoignage d'une directrice de structure, qui souhaitait rester anonyme : « Une micro-crèche, c'est facile à monter quand on a un peu de trésorerie et le gestionnaire ne doit pas obligatoirement être diplômé. En cinq ans, ça a explosé partout. Sauf que le soir, tard, ou le matin, tôt, il arrive qu'une seule personne s'occupe de l'ensemble des enfants, alors ça peut vite déraper. »

Les quatre groupes leaders du marché comptent aussi leur lot d'articles négatifs. Babilou : « Une fillette de 18 mois rudoyée à la crèche Babilou de Monaco ? » (*Monaco matin*, 24 novembre 2017) ; La Maison bleue : « Petite enfance à Bordeaux : crise de confiance à la crèche Mirassou » (*Sud-Ouest*, 17 mai 2018) ; Les Petits Chaperons rouges (LPCR) : « Aix-en-Provence : les déjeuners servis dans les crèches alimentent la grogne des parents »

(*La Provence*, 22 février 2019) et « Hauts-de-Seine : Lucas, 18 mois, a été oublié dans sa crèche » (*Le Parisien*, 12 juin 2019).

Dans l'inventaire que nous avons réalisé, le cas de People and Baby est un peu à part. Le drame de Lyon a braqué les projecteurs sur ce groupe. S'est ensuivie une série de témoignages pour certains accablants qui ont déferlé dans la presse, comme celui de cette maman lyonnaise ayant déposé plainte, fin 2021, pour des soupçons de violence sur sa fille de cinq mois, plainte qui avait été classée sans suite quelques mois plus tard. Ou encore celui de cette médecin du Nord, à l'initiative de la création d'un collectif de parents nommé « Protection Enfance Crèche ». Concernant ce groupe en particulier, un élément est frappant : il est difficile de trouver trace d'incidents survenus avant le fait divers de Lyon. Notre enquête nous a pourtant démontré que le groupe People and Baby, quatrième entreprise française qui détient aujourd'hui 700 établissements, de toutes tailles, d'accueil du jeune enfant dans notre pays, fait l'objet depuis plus de dix ans de nombreuses doléances de parents. Différents collectifs se sont même créés pour faire entendre cette voix. Seul Protection Enfance Crèche, lancé en 2021 dans le nord de la France par une mère ayant retrouvé son fils couvert d'ecchymoses au retour de l'établissement, existe toujours. Les autres se sont dissous, et leurs témoignages ont étrangement disparu des méandres d'Internet.

En nous penchant sur les mésaventures de l'entreprise dans la petite ville de Puteaux (Hauts-de-Seine), près du quartier de La Défense, nous avons un peu mieux compris pourquoi. Nous sommes alors en 2010 et l'entreprise de Christophe Durieux et Odile Broglin vient de remporter la gestion des crèches de la ville, en délégation de service public (DSP). Très vite, des incidents, révélant *a minima* une mauvaise gestion des lieux, se multiplient. La crèche dite des Oursons cristallise les mécontentements : la cantine y est régulièrement retrouvée sale, le personnel démissionne et du fromage périmé de plusieurs semaines est distribué aux tout-petits. Le journal *Le Parisien*[1], dans son cahier des Hauts-de-Seine, se fait alors le relais du ras-le-bol de dix-huit parents. Ceux-ci se réunissent en collectif pendant l'été 2012, dénonçant un nombre insuffisant de jouets, «un problème récurrent d'entretien des locaux, des activités réduites pour les enfants liées à un *turn-over* et un manque d'effectif chroniques». Le collectif de parents est reçu à la mairie qui les écoute tout en renouvelant sa confiance à l'entreprise. «Nous avons réalisé une enquête de satisfaction et les retours étaient plus que positifs, soutient alors un porte-parole de la maire, cité par *Le Parisien*. Il n'y a pas de plaintes sérieuses. Ce sont de mauvaises informations qui

1. Justine Chevalier, «Des parents inquiets par la gestion d'une crèche», *Le Parisien*, 4 juillet 2012.

circulent entre les parents. » Contactée, la mairie de Puteaux n'a pas donné suite.

À l'époque, ces démêlés, opposant alors ce collectif, le groupe People and Baby et la maire (UMP) Joëlle Ceccaldi-Raynaud, sont également relayés de façon détaillée et bien renseignée sur le blog d'un élu d'opposition Modem, par ailleurs journaliste, Christophe Grébert. Cet opposant, qui a depuis quitté la vie politique, chroniquait de longue date l'actualité de sa ville. Nous l'avons contacté et il a accepté de revenir sur les faits. « Dans leur dossier, c'était tout beau, tout propre, sauf que derrière, si la commune ne surveillait pas au jour le jour ce qui se passait, il pouvait y avoir des problèmes », se rappelle-t-il. People and Baby reconnaît aujourd'hui les faits : « En raison d'un changement d'équipe de direction la dernière année, nous avons en effet rencontré des difficultés ponctuelles. Nous avons alors mis en place immédiatement des plans d'action correctifs », nous explique la société par mail.

En évoquant sur son blog les dysfonctionnements rencontrés aux Oursons, Christophe Grébert a recueilli le soutien de nombreux parents, ces derniers n'acceptant de parler que sous le sceau de l'anonymat, révélant une certaine omerta.

« Des parents, habitants d'autres communes que Puteaux, m'avaient téléphoné pour me faire part des soucis dans leur crèche, rappelle l'ancien élu. Même deux ou trois ans après, des personnes m'ont contacté. Mais toutes ces histoires n'étaient pas médiatisées car certains avaient très peur.

À Puteaux, les parents craignaient de perdre leur place pour l'année suivante ou pour le deuxième enfant. Ils ne voulaient pas se mettre la maire à dos. Or, critiquer cette entreprise, c'était critiquer un service de la mairie. Les places étaient si rares que ni les parents, ni la mairie, ni l'entreprise en question n'avaient intérêt à ébruiter les problèmes[1]. »

Nous avons consulté les mails de parents reçus par cet élu à partir de cet été 2012. Tous manifestent un mécontentement patent, mais aussi la crainte de trop vouloir l'ébruiter.

En 2012, ce blogueur, réputé pour son sérieux mais aussi son esprit vif et mordant concernant la politique menée par la maire Joëlle Ceccaldi-Raynaud, ne pense pas pour autant s'attirer des ennuis en cascade en évoquant dans ses articles les problèmes de People and Baby. Mais l'affaire prend vite de l'ampleur.

Peu après la création du collectif de parents, la chambre régionale des comptes réalise, comme elle le fait tous les cinq ans, un rapport sur la gestion de la commune de Puteaux. Dans ce document public, elle se concentre plus particulièrement sur la politique de petite enfance et les entreprises en DSP. D'emblée, elle relève des problèmes dans la manière dont la municipalité suit certains dossiers.

« Si la situation financière de la ville n'appelle pas d'observations, la collectivité souffre d'un

1. Entretien avec l'une des autrices, 20 février 2023.

certain déficit de culture administrative et de rigueur dans sa gestion», peut-on ainsi lire dans ce rapport. La chambre s'étonne que le choix de l'ouverture de nouveaux berceaux ait été effectué sans diagnostic préalable sur l'offre existante et les besoins et elle recommande à la municipalité d'être «vigilante quant au suivi du délégataire chargé de la gestion d'une structure privée d'accueil de jeunes enfants». Il s'agit bien de People and Baby qui possède à l'époque la DSP de Puteaux «à titre exclusif» jusqu'en 2015. Dans le même rapport, la ville de Puteaux fait savoir que, depuis 2005, de plus en plus de familles habitant la commune ont accès à une place en crèche et que le nombre de places attribuées n'a cessé d'augmenter, entre 2005 et 2012.

Quelques mois plus tard, en octobre, Christophe Grébert, qui a évoqué dans un article ce rapport critique de la chambre régionale des comptes, reçoit un premier droit de réponse du PDG, Christophe Durieux, lui demandant expressément d'«arrêter de dénigrer» People and Baby. Au total, il sera par la suite destinataire de quatre lettres recommandées au ton agressif, que nous avons consultées, lui demandant de retirer ses articles de son blog. Il accepte alors de remplacer le nom de la société en toutes lettres par ses initiales, P. & B., ce qui lui laissera un bref répit et rendra ses articles et donc l'histoire entière des aventures de People and Baby à Puteaux beaucoup moins visible sur le Net. L'entreprise, elle, justifie encore aujourd'hui ces missives, prêtant à Christophe Grébert des visées électoralistes. «Il a critiqué la décision de la majorité sur le choix du secteur privé. Dans le cadre de la campagne municipale, il a dénigré directement et de manière injuste le travail des équipes avec l'aide de parents de la crèche qui étaient aussi sur sa liste», dénonce l'entreprise.

Des années plus tard, en 2019, Christophe Grébert reçoit un énième courrier, écrit cette fois par le directeur des affaires juridiques du groupe People and Baby, Pierre Vacher. Dans cette lettre, où on lui demande à nouveau de retirer les articles de son blog, il est encore et toujours question de publications qui entacheraient la réputation de People and Baby. «Sachez que depuis 2013, nous avons perdu le marché avec la ville de Puteaux. Une perte que nous estimons liée à la publication et [au] maintien en ligne de [votre] article, écrit Pierre Vacher. De plus, si nous ne sommes aujourd'hui plus gestionnaires de la crèche dont la gestion est incriminée sur votre blog, ce même article continue depuis 2013 de nous causer un préjudice lors de la conclusion de nouveaux marchés», poursuit le directeur des affaires juridiques. Interrogée sur le sujet, l'entreprise reconnaît bien aujourd'hui avoir utilisé de telles méthodes, évoquant encore des critiques «infondées, utilisées dans le cadre de la campagne municipale».

L'élu blogueur ne fera au final l'objet d'aucune plainte, mais on peut retrouver la trace de trois autres personnes qui, après avoir émis des critiques sur People and Baby sur Internet, ont subi les mêmes pressions à travers des courriers des membres du service juridique de l'entreprise. À chaque fois, le procédé est similaire : la lettre menace d'un procès en diffamation tout individu qui aurait la mauvaise idée de proférer la moindre critique et le moindre avis négatif sur l'entreprise, ou encore de trop s'épancher auprès de journalistes.

Cette méthode, radicale, s'est avérée efficace. Depuis des années, l'entreprise, réputée pour son service juridique intraitable, fait ainsi le ménage sur le Net. Elle traque tout avis qui ne lui conviendrait pas, balaye les critiques, avec pour constant objectif de protéger son image publique. Nombreuses sont les sociétés qui soignent leur réputation, mais toutes n'utilisent pas de telles intimidations.

Contacté, le groupe se défend d'user de pressions ou de menaces : « Nous sommes soucieux, comme toute entreprise, de notre réputation et de défendre l'intégrité du travail de nos salariés. Ce sont nos valeurs mais également l'environnement réglementaire et légal qui l'imposent, nous répond-on par mail. [...] Avec 11000 salariés et 34000 familles accueillies chaque jour dans 12 pays, il existe, comme dans toute entreprise, des différends ponctuels que nous nous attachons, depuis toujours, à résoudre avant tout par le dialogue[1]. »

1. Réponse écrite du 28 mars 2023.

Ces derniers temps, People and Baby semble adopter une stratégie de défense encore plus offensive. Dans une affaire récente l'opposant à un couple de parents, le groupe a diffusé *via* un communiqué[1] visible sur Internet des informations permettant d'identifier les parents plaignants. Il s'agit en l'occurrence de leur profession et de leur lieu d'exercice. Dans le même communiqué de presse, l'entreprise s'en prend directement et de façon acerbe à cette famille : « Les parents n'hésitent pas à avancer auprès des journalistes d'autres affaires en faisant un amalgame honteux sur le drame de Lyon. Ce ne sont pas les premiers parents qui tentent d'utiliser ce drame pour leurs intérêts économiques, n'ayant aucune honte à mettre en cause la probité des équipes. »

Au regard du ton de ce communiqué, nous avons mieux compris pourquoi plusieurs femmes, destinataires de ces fameux courriers de menaces, se sont d'abord tournées vers des journalistes avant de se rétracter. Nous avons notamment échangé avec deux d'entre elles qui ont fini par refuser que nous dévoilions leurs témoignages. L'une d'elles a même cessé de répondre à nos mails et SMS. Par lassitude, par peur des poursuites, pour préserver la paix au sein de leur famille, elles ont préféré garder le silence.

1. Communiqué du 3 janvier 2023.

3

«J'avais l'impression d'avoir un volcan en moi»

Il est des courts trajets qui paraissent interminables. Trente petites minutes séparent l'appartement d'Inès à Magny-en-Vexin (Val-d'Oise) et la micro-crèche La Maison bleue de Limay (Yvelines) où était gardé son bébé. Mais ce 11 janvier en début d'après-midi, la jeune maman n'a rien vu des champs et vieilles bâtisses du parc naturel du Vexin, en lisière de l'Île-de-France, qui défilaient derrière le pare-brise. Quand elle y repense, deux mois plus tard, Inès s'agite à nouveau. Ses billes brunes s'affolent et sa voix vacille. «Je pense que je n'ai jamais bouillonné comme ça, j'avais l'impression d'avoir un volcan en moi. J'étais en larmes mais des larmes de nerfs, de peur, de crainte, de questionnements, de… Oh non, c'était horrible. Je n'avais qu'une pensée, c'était : je veux l'avoir dans mes bras, voir si tout va bien, voir si on ne m'a rien caché[1]», se souvient-elle.

1. Entretien avec une des autrices, 17 mars 2023.

Juste avant qu'Inès et son mari ne montent dans leur voiture au pas de course, ils avaient reçu le coup de fil que tous les parents redoutent : « Votre fils Jawed vient d'être retrouvé dans la rue, à l'extérieur de la micro-crèche. Venez. » Malgré « trente à quarante-cinq minutes » passées dehors, en plein hiver, le garçon de deux ans, en body et chaussons, est en bonne santé. L'explication donnée aux parents les rend évidemment furieux : une employée a ouvert une porte pour « aérer », a-t-elle dit, et ne s'est pas aperçue que le petit avait « fugué ». Pire : elle a commencé une activité avec les deux autres enfants qui se trouvaient dans la crèche, sans s'apercevoir que Jawed n'était plus là. Il a fallu que la directrice sorte de réunion et lui fasse remarquer qu'il manquait un bébé pour que l'équipe parte à la recherche du petit. Depuis, La Maison bleue a licencié l'employée en question et des portes plus sécurisées ont été installées.

Le couple a immédiatement porté plainte et Inès, vingt-quatre ans, a publié une vidéo visionnée plus de cinq millions de fois sur le réseau TikTok. La jeune mère, en larmes, y fait un autre trajet interminable, celui effectué par son fils aux abords de la crèche. Le garçonnet a d'abord marché sur une pelouse à l'arrière du petit immeuble défraîchi. L'herbe y est jonchée de feuilles mortes et de détritus, ce que note en voix off la maman : « Il y a plein de choses dégueulasses qu'il aurait pu mettre dans sa bouche. » Puis la petite ombre de Jawed s'est faufilée sous le porche où s'entassent les poubelles de la résidence. Au fond, on devine des commerces, des travaux et puis une rue. C'est finalement un groupe d'adolescents sortant d'un restaurant de kebabs qui s'étonnera de voir cet enfant sans surveillance sur le trottoir. « Il aurait pu se faire kidnapper, toucher, renverser, s'indigne encore Inès. C'est inadmissible. S'il vous plaît, je vous en supplie, faites tourner cette vidéo le plus possible, conclut-elle, face caméra. C'est hors de question que cette crèche reste ouverte. »

Deux mois plus tard, nous retrouvons Inès, au calme, dans son appartement situé en rez-de-jardin. À l'extérieur, un petit toboggan en plastique attend les glissades de Jawed. Mais le garçonnet aux cheveux bouclés, vêtu d'un tee-shirt à l'effigie du Roi Lion, assiste à tout notre entretien sur les genoux de sa maman. Il l'escalade pour demander un bonbon tandis qu'elle lui murmure d'une voix douce des consignes au creux de l'oreille. Ils sont inséparables. « Cet épisode m'a traumatisée, résume-t-elle simplement. Ça a été des nuits où je n'ai pas dormi, des nuits où j'ai eu peur qu'on me l'enlève. Je n'arrive même plus à le laisser à ma propre mère. Ça reste un miracle qu'il ait passé autant de temps dehors et qu'il aille bien. » Pour essayer de tenir à distance ses démons, Inès vient d'entamer un travail avec une psychologue. Elle a aussi retiré sa vidéo d'Internet, fatiguée des commentaires incessants qu'elle générait. Mais la jeune femme ne renie pas les bienfaits de cette médiatisation. « À ce moment-là, je me sentais démunie, clairement, et je me suis dit : comment faire pour que ce sentiment d'injustice en moi s'en aille? [...] Je voulais que les autres parents soient au courant, je trouvais ça essentiel. »

Favorisés par les réseaux sociaux, les témoignages alertant sur les maltraitances en crèche se multiplient. Réagissant à la vidéo tournée par Inès, la direction de La Maison bleue fait profil bas : « Ma première réaction à cette médiatisation, c'est de me dire : il y a eu une erreur qu'on va essayer de corriger et c'est ce qu'on a fait. Donc j'y vois une vertu. Mais ce que je ne peux pas m'empêcher de penser, c'est que ça peut aussi jeter le discrédit sur plein de professionnelles qui, elles, ne font pas d'erreurs », commente la directrice générale de La Maison bleue, Claire Laot.

D'autres interlocuteurs du secteur tiennent un discours plus direct, moins policé, et reprochent aux familles d'alimenter la psychose, comme lorsqu'un ancien cadre dirigeant de People and Baby nous dit : « Il y a quand même un côté hystérique chez certains parents », ou qu'un ancien commercial de La Maison bleue nous tient ces propos :

« Il suffit que votre enfant se fasse mordre en crèche pour que ça devienne une crèche mal gérée. Il y a des aléas du direct qui arrivent tout le temps dans ces entreprises-là, c'est un métier qui est fatigant pour les puéricultrices et elles peuvent commettre des erreurs... Tous les ans, il y a un scandale, tous les ans, il y a une puéricultrice qui ferme la crèche et qui oublie un enfant. C'est ultra-malheureux, c'est sans doute une catastrophe pour la famille et ça fait une presse horrible pour l'entreprise de crèche mais c'est un épiphénomène *versus* la centaine de milliers d'enfants qui sont accueillis. Malheureusement, on ne retient que ça et pas tous les à-côtés hyperpositifs[1]. »

Les familles seraient-elles aussi plus exigeantes vis-à-vis des crèches privées lucratives, qu'elles paient parfois au prix fort, que vis-à-vis des structures associatives ou municipales ? C'est en tout cas ce que défend Claire Laot : « Dans le privé, les familles se positionnent comme des clients. Ils attendent un service de qualité, leur exigence est très forte[2]. »

Aux dénonciations, souvent légitimes, des parents, s'ajoutent parfois des sortes de cabales sur les réseaux sociaux contre tel ou tel groupe. Est-ce le sentiment de la part de certains de ne pas avoir été entendus ? À deux reprises au moins ces derniers mois, les professionnelles de structures où se sont déroulés des incidents sont devenues des cibles. Concernant une affaire en particulier, le parquet de Bobigny (Seine-Saint-Denis) évoque ainsi un « déferlement d'insultes et de menaces de crimes et délits à l'encontre du personnel de la crèche mais aussi d'autres établissements du groupe, qui ont reçu, par les réseaux sociaux, des centaines

1. Entretien avec l'une des autrices, 9 février 2023.
2. Entretien avec l'une des autrices, 6 mars 2023.

de messages dont certains d'une extrême violence». Une enquête a même été ouverte, «en vue d'identifier les auteurs[1]». Ces phénomènes restent extrêmement rares, la majorité des interlocuteurs que nous avons rencontrés espérant plutôt, grâce à leurs témoignages publics, alerter et faire changer les pratiques ou les mentalités. D'ailleurs, Inès conclura ainsi notre entretien : «Il y a eu un autre incident la même semaine que Jawed… Un enfant qui a été tapé dans sa crèche… Vous connaissez cette histoire ?»

Deux jours avant la «fugue» du fils d'Inès, un petit garçon prénommé Lyam a effectivement été retrouvé avec le visage couvert d'hématomes. Il venait de passer une demi-journée dans une crèche gérée par les Petits Chaperons Rouges à Aubervilliers (Seine-Saint-Denis). Nous avons également rencontré Sonia et Sébastien Cousin, à quelques pas de l'établissement où leur fils de deux ans avait été gardé de longs mois, à raison de quelques demi-journées par semaine.

Le jour de notre entretien, tous les trois sortent d'un énième rendez-vous chez le psychiatre. Sonia et Sébastien Cousin ont une petite quarantaine d'années et l'allure sportive, jean, baskets, sweat noir. Dès le premier abord, on les sent marqués,

1. Elsa Marnette et Nicolas Goinard, «Soupçons de violences dans une micro-crèche à Livry-Gargan : l'enquête classée sans suite», *Le Parisien*, 24 février 2023.

encore choqués par ce qui vient de leur arriver. Depuis un mois, ils sont tous deux en arrêt. Lui est serrurier, elle, agent d'entretien à la mairie d'Aubervilliers. Ils travaillent d'habitude tôt le matin, parfois tard le soir et se relaient par demi-journées auprès de leur fils, dans leur maison de Sainte-Geneviève, dans l'Oise, située à une heure de route d'Aubervilliers. Mais depuis un mois, chez les Cousin, la vie s'est arrêtée.

Notre rendez-vous se déroule dans un café, en début d'après-midi. C'est l'heure de la sieste. Dans sa poussette, Lyam s'endort rapidement. Nous sommes plus d'un mois après les faits mais le visage du garçonnet garde quelques traces légères, comme de profondes griffures qui cicatrisent lentement. Ce sont les stigmates de son agression.

Le 9 janvier, lorsque Sonia va chercher son fils à la crèche Annick-Kebele en début d'après-midi, elle sent bien qu'il s'est passé quelque chose mais au début, elle garde son calme. « La directrice m'a accueillie, l'air grave, en me proposant de rentrer dans son bureau. Elle m'explique alors que mon fils s'est fait griffer par un autre enfant[1], raconte Sonia. Je lui réponds que ce n'est pas grave, les griffures, c'est la vie en collectivité, ça arrive. »

Pressée de récupérer son enfant, la mère sort du bureau pour aller réveiller Lyam et croise alors, devant la salle de sieste, une auxiliaire de puériculture. Gênée, la jeune femme lui présente

1. Entretien avec l'une des autrices, 14 février 2023.

immédiatement des excuses. « Elle me dit qu'elle est désolée, que ça ne se reproduira pas, que mon fils s'est fait mordre. » Soudain très inquiète et surprise par ce changement de version, Sonia ouvre la porte de la salle de sieste et tombe alors sur son petit garçon, seul, défiguré. «Je me penche et je vois son visage tout gonflé. Ses paupières tuméfiées, ses pommettes rouges… Il me regarde mais ne réagit pas. Il est complètement éteint, comme s'il ne me reconnaissait pas», poursuit Sonia, encore angoissée par la scène.

Toute la journée et les jours qui suivent, chez le médecin généraliste, le psychiatre, les parents tentent de remonter le fil des événements. Sur l'ordonnance que nous avons consultée, le médecin qu'ils vont voir à La Courneuve énumère, consciencieux et précis, les hématomes, érythème et « rougeur avec plaie superficielle » de l'enfant au niveau de la nuque. Dans la foulée, Sonia et Sébastien Cousin déposent plainte au commissariat pour « violences aggravées » contre mineur de moins de quinze ans. Lyam va vite mieux. Dès le lendemain, il se remet à parler et à interagir avec ses parents.

Mais aujourd'hui encore, ces derniers insistent sur un élément : « La crèche nous a servi au total trois versions des faits, toutes discordantes. On veut la vérité !, s'agacent-ils avant de s'interroger : Est-ce qu'un petit enfant est réellement capable de faire ça à un autre ? Étaient-ils plusieurs ? Combien de temps cela a-t-il duré ? Pourquoi n'a-t-on pas été prévenus immédiatement par la crèche et a-t-on laissé notre fils tout seul sans surveillance dans la salle de sieste ?» Surtout, cette question revient, lancinante, évidente : «Pourquoi aucun adulte n'est intervenu à temps ?»

Quand nous l'avons rencontré, le président de LPCR Jean-Emmanuel Rodocanachi a voulu nous détailler lui-même le déroulé des événements : «Ça a duré probablement moins d'une minute. L'enfant mordu avait une tétine, il n'a pas crié tout de suite [...]. Par ailleurs, dans la section, il y avait un enfant, porteur de handicap, qui était en train d'être changé. C'est un enfant qui pleure beaucoup, qui crie beaucoup et donc il y avait du bruit dans la section. C'est une histoire courante de la vie ordinaire. C'est la vraie vie d'une crèche [...], il y a un non-sujet[1].»

Et le groupe de s'appuyer sur la visite des services de PMI, quatre jours après l'incident, qui ont constaté «le bon fonctionnement» de l'établissement, a rapporté LPCR dans un communiqué. Dans le même communiqué, l'entreprise s'est défendue de tout acte de maltraitance et a expliqué que «les situations de morsure sont toujours délicates et mobilisent fortement les professionnels de la petite enfance». Il semble pourtant que ce jour-là, à la crèche d'Aubervilliers, les «cinq adultes présents», selon LPCR, n'aient pas été tellement mobilisés pour éviter que Lyam subisse un tel passage

1. Entretien avec les autrices, 28 mars 2023.

à tabac. Car à regarder attentivement les photos que nous ont envoyées les parents, il s'agit bien de cela. Son visage ressemble à celui d'un boxeur sortant d'un match particulièrement long et éprouvant.

L'absence d'intervention ou l'intervention trop tardive de professionnels de la petite enfance, le manque d'encadrement, le défaut de surveillance ne seraient-ils pas, eux aussi, une forme de maltraitance vis-à-vis d'enfants vulnérables, prompts à mordre, à taper, à griffer ou, dans le cas de Jawed, à prendre la fuite? Inès et son mari attendent encore de connaître les suites qui seront données à leur plainte mais celle de Sonia et Sébastien Cousin a été classée sans suite par le tribunal judiciaire de Bobigny. Le couple a l'intention de faire appel.

Comment caractériser ces plaintes sur le plan pénal? Pourquoi tant d'affaires se terminent-elles par des classements? À Livry-Gargan (Seine-Saint-Denis), la plainte d'Imed et Loubna contre une micro-crèche d'un autre réseau privé a été classée sans suite «pour absence d'infraction». En septembre 2022, les parents ont récupéré Maya, leur bébé de sept mois, avec des hématomes sur le torse et au menton. «Je suis dégoûté[1]», lâche Imed, quelques jours après la décision de justice. Le jeune chauffeur de taxi, le regard noir, ne décolère pas : «Pour des chiens qui se font tabasser, il y a des jugements, mais pour un bébé, non. On nous

1. Entretien avec l'une des autrices, 24 février 2023.

rend notre enfant comme ça, avec des hématomes, et la justice dit qu'il n'y a rien? Chapeau. Je suis sûr que des histoires comme la nôtre, il y en a des milliers. Ces crèches-là, il faudrait les fermer. Il ne faut pas leur confier les enfants, elles ne sont là que pour l'argent. »

Dans un article du *Parisien*[1], l'avocat de la famille estimait que ce classement était «couru d'avance». «Les investigations ont commencé deux mois plus tard», dénonçait-il. Côté crèche en revanche, on affichait un «grand soulagement. L'enquête de police a confirmé le résultat de l'enquête interne qui disait qu'il n'y avait eu aucune violence exercée au sein de la crèche», commentait l'avocat de la structure. «Un classement pour absence d'infraction signifie que les investigations n'ont pas permis de déterminer si les blessures constatées sur l'enfant avaient pour origine la commission d'une infraction, volontaire ou involontaire. Ce motif de classement signifie qu'il n'y a aucune poursuite contre quiconque, faute d'infraction établie», détaillait, de manière peu explicite, le parquet de Bobigny.

Pour mieux comprendre ces décisions, nous sommes allées interroger deux avocats, qui défendent les parents d'un bébé décédé dans une crèche associative d'Agen (Lot-et-Garonne), référencée comme membre du réseau Babilou et crèches

1. Elsa Marnette et Nicolas Goinard, «Soupçons de violences dans une micro-crèche à Livry-Gargan : l'enquête classée sans suite», *Le Parisien*, 24 février 2023.

partenaires. Le petit Baptiste, cinq mois, a été retrouvé mort dans son lit, lors d'une sieste, au matin du 25 juillet 2022. Le rapport d'autopsie a conclu à une mort subite du nourrisson. L'enfant se trouvait sur le ventre, contrairement aux recommandations, et sa mère l'assure : le matin du drame, elle avait dit aux professionnelles de la crèche Yakari que son fils se mettait sur le ventre et ne parvenait pas à revenir tout seul sur le dos.

Me Sylvia Goudenège-Chauvin et Me Jean-François Renaudie nous reçoivent dans leur cabinet situé dans un immeuble ancien du centre d'Agen. Tous deux ont une petite quarantaine d'années, ils sont parents de jeunes enfants. Ce dossier leur tient particulièrement à cœur. Depuis des mois, ils se battaient pour qu'une enquête plus poussée soit menée sur les circonstances de la mort de l'enfant. Une information judiciaire a finalement été ouverte début novembre, en parallèle de l'enquête réalisée par la PMI. Ils reviennent sur les difficultés de ces dossiers : « Au-delà de l'incident, au-delà du drame, la première question, c'est qui poursuivre[1] », s'interroge Me Renaudie. D'un ton calme et en pesant ses mots, l'avocat poursuit, faisant référence au drame de Lyon :

« Dans cet exemple, c'est un comportement humain qu'on sanctionne, en tout cas qu'on va essayer de sanctionner, mais au-delà de ça, se pose la question des règles de sécurité. L'encadrement

1. Entretien avec l'une des autrices, 16 février 2023.

doit être questionné, le support hiérarchique aussi, estime-t-il. [...] On se rend bien compte qu'au-delà de l'aspect humain, il y a nécessairement un protocole, il y a forcément des règles, des pratiques.»

L'examen du déroulé des faits ayant précédé la mort de Baptiste permet d'éclairer ces difficultés. Posons l'hypothèse que l'enfant a fini par s'étouffer parce qu'il se trouvait sur le ventre et qu'il n'est pas parvenu à se retourner pendant de trop longues minutes. Considérons donc qu'il faille prouver que le drame aurait pu être évité si les professionnelles de la crèche s'étaient aperçues à temps que l'enfant se trouvait en mauvaise posture. Un défaut de surveillance aurait donc conduit à son décès. Pour étayer cette hypothèse, il faut connaître le protocole de la crèche, quand il existe, puis s'assurer qu'il a été respecté. Un minutieux travail qui nécessite, pour les enquêteurs, d'interroger tout le personnel et de se plonger dans les documents fournis par les crèches aux PMI, lors des visites de contrôle. Selon nos informations, la crèche Yakari, par exemple, était censée être dotée de «fiches de surveillance des siestes» depuis 2017 et les professionnelles devaient passer dans les dortoirs toutes les quinze minutes. Or, ces documents n'auraient pas été retrouvés dans le cadre de l'enquête sur la mort du bébé. Mais est-ce à dire pour autant que les professionnelles n'ont pas surveillé les bébés endormis, contrairement à ce qu'elles affirment? Comment s'en assurer, comment le prouver?

Nous avons consulté la liste que les deux avocats ont consciencieusement constituée, concernant des affaires récentes de bébés secoués ou de morts subites du nourrisson dans des crèches ou chez des assistantes maternelles : « Cela arrive de voir des rapports d'autopsie qui concluent à une mort subite du nourrisson [comme dans le cas de Baptiste] mais qu'on aboutisse tout de même à une condamnation pour homicide involontaire. Ce n'est pas incompatible, observe d'abord Me Sylvia Goudenège-Chauvin. [...] L'enquête peut finalement révéler qu'il y a eu une négligence, une défaillance, un défaut de surveillance. Mais, poursuit-elle, ce qui est étonnant, c'est qu'on ne se dise pas à chaque fois : allez, ça va être difficile mais on va quand même essayer de regarder toutes les défaillances potentielles. Ce qui me choque, c'est le positionnement des responsables de crèches face à leur éventuelle responsabilité. On dirait qu'ils veulent tout mettre sous le tapis. »

Plusieurs parents plaignants nous ont rapporté des propos tenus par les salariées des crèches qui vont dans ce sens – « Ce sera parole contre parole, vous ne pourrez rien prouver » – ou même de policiers : « Ça ne sert à rien de porter plainte, vous aurez un non-lieu. Votre enfant va bien, c'est l'essentiel. »

Quelques responsables de PMI ou élus nous l'ont aussi confié : prendre la décision de demander une fermeture de crèche, même temporairement, c'est risquer de se mettre à dos des dizaines de parents, privés de mode de garde, et prompts à se retourner contre les élus ou les institutions pour se plaindre. « S'il y a une suspicion de maltraitance, il n'y a pas photo, prévient d'emblée cette encadrante PMI. Mais quand on parle des grosses crèches, de 60 berceaux par exemple, on fait attention avant de demander une fermeture parce que ça peut bouleverser la vie de nombreuses familles. »

Du côté des parents plaignants en revanche, les conséquences sont immédiates. Inès, Sonia, Loubna, ces trois mamans ont décidé, après l'avoir retiré de la crèche, de s'occuper de leur enfant à plein temps. « Tant que Maya ne parlera pas, je ne m'imagine pas la faire garder », reconnaît Loubna, la maman de Livry-Gargan, qui a donc négocié une rupture conventionnelle pour quitter son poste d'assistante de direction. Elle rejoint ainsi les nombreux parents – et majoritairement les mères – contraints d'arrêter leur activité professionnelle pour s'occuper de leurs petits. Un phénomène largement documenté : en 2019, par exemple, un rapport[1] du Haut Conseil de la famille, de l'enfance et de l'âge (HCFEA) notait qu'une femme sur deux ayant arrêté de travailler à la naissance d'un enfant aurait préféré continuer. C'est exactement ce que pointait notre encadrante PMI citée un peu plus haut : « Il faut

1. « Voies de réforme des congés parentaux dans une stratégie globale d'accueil de la petite enfance », HCFEA, 2019.

vraiment qu'il y ait un danger [pour demander une fermeture de crèche], parce que si c'est juste pour "discipliner le gestionnaire", cela se fait au détriment des familles et, on peut le dire, des femmes. »

4

« On vivait avec une épée de Damoclès au-dessus de la tête »

Avant même de nous rencontrer, elle nous avait prévenues par SMS : « Ne vous inquiétez pas si quand je parle, les larmes me montent, ça me fait ça à chaque fois. » Nous lui avions répondu qu'elle n'avait pas à s'en faire, que l'on prendrait le temps.

Marie[1] ne nous l'a pas avoué mais elle aurait sans doute préféré ne pas nous rencontrer, ne pas se replonger dans un passé qui continue de la tourmenter. Malgré quelques réticences, elle a fini par se laisser convaincre et accepter un rendez-vous en nous demandant de respecter son anonymat. Âgée d'une petite quarantaine d'années, cette ancienne professionnelle des crèches, passée notamment par les entreprises People and Baby et LPCR, aimerait aujourd'hui pouvoir tout oublier. Lorsque nous la contactons, au début de notre enquête, elle commence justement une nouvelle vie. Portée par une

1. Le prénom a été modifié.

énergie nouvelle, dans le sillage de la crise sanitaire, Marie vient de trouver un nouveau travail, a rencontré d'autres collègues mais elle reste une rescapée de sa première vie professionnelle. Nous le comprendrons plus tard mais son cas est emblématique de ces nombreuses femmes qui ont voulu, en vain, tirer un trait sur leur expérience dans la petite enfance.

Certaines d'entre elles, même si elles vivaient à des centaines de kilomètres de là, ont été particulièrement choquées après la mort de la petite fille de la crèche Danton, à Lyon. Elles sont restées tétanisées, ont ressassé les images plusieurs jours, se rejouant la scène en boucle comme un vilain cauchemar. Quand nous avons rencontré Marie, nous avons même pensé qu'il s'agissait pour elle d'une forme de traumatisme. Cette matinée de juin avait ravivé chez cette femme des souvenirs si douloureux, qu'elle ne pouvait les aborder sans fondre en larmes. Pour elle qui avait quitté depuis peu le monde de la petite enfance, il s'est joué comme un nouveau drame ce jour-là.

Après un premier rendez-vous manqué, nous finissons donc par faire sa connaissance pendant sa pause déjeuner sur son nouveau lieu de travail, en banlieue parisienne. Elle apparaît d'abord souriante, spontanée et volubile, un sandwich à la main. Elle croise devant nous une petite bande de collègues qui semblent ravis de cette rencontre fortuite, prend le temps d'échanger quelques mots avec eux, parle des vacances de la Toussaint qui approchent.

Marie semble être une personne attachante, qui se lie facilement. Sa vie va mieux et cela se ressent.

Ce jour-là, pourtant, sa voix se brise rapidement lorsqu'elle évoque son passé. Bientôt, Marie éclate en sanglots. À l'écouter, nous comprenons aussi qu'elle tente vraiment de comprendre le geste de cette femme, Myriam J., en juin 2022, même si notre rencontre intervient quatre mois plus tard. Elle aborde d'emblée le sujet avant même que nous lui posions la moindre question. «Je savais que ça arriverait, un truc comme ça, un jour. J'ai fait plein d'hypothèses pour comprendre la raison pour laquelle cette femme avait pu être tant énervée, nous confie-t-elle. D'habitude, c'est plutôt en fin de journée qu'on est susceptible de péter un câble parce qu'on est tellement sous tension tout le temps, toute la journée… Mais peut-être que pour cette personne, dès le matin, ce jour-là, c'était compliqué. Peut-être que l'auxiliaire de la veille n'avait pas fait le ménage de la section, qu'elle a vu tous les locaux, en arrivant, qui étaient sales. On arrive dans une section, et il n'y a plus de couches, il n'y a plus de gants, la section n'a pas été même rangée, la salle de cuisine n'est pas nettoyée, c'est très dur… Imaginons qu'il y ait à la base une surcharge de travail… Et ce Destop hein, qu'est-ce qu'il faisait là[1]?»

La question se pose. Existe-t-il au moins une loi qui encadre l'utilisation des produits d'entretien, type eau de Javel ou déboucheur de canalisations,

1. Entretien avec l'une des autrices, 28 octobre 2022.

dans les établissements d'accueil du jeune enfant (EAJE) ? Le texte qui fait référence est la Charte nationale pour l'accueil du jeune enfant. Inscrite depuis 2020 dans la loi et objet d'un arrêté ministériel, elle s'adresse aussi bien aux professionnels qui travaillent en mode d'accueil individuel, donc aux assistantes maternelles, qu'à ceux qui travaillent en collectif. En théorie, toutes les crèches placardent sur leurs murs ce texte qui édicte dix grands principes, écrits à la première personne en adoptant le point de vue de l'enfant. Le huitième est le suivant : « J'évolue dans un univers beau, sain et propice à mon éveil ».

« En clair, cette charte n'interdit formellement aucun produit de quelque nature que ce soit, résume, lucide, Claire Grolleau, ancienne toxicologue et actuelle présidente de l'association Label Vie qui a créé le label Écolo Crèche valorisant les pratiques écologiques auprès des jeunes enfants. En revanche, il semble impératif de respecter les conditions d'utilisation de ces produits, inscrites sur les bouteilles. Or, il est conseillé de tenir le Destop hors de portée des enfants ». En 2016, l'association Label Vie lançait une pétition demandant d'« arrêter d'intoxiquer les enfants » à coups de désinfectant et autres produits d'entretien en crèche. La situation n'a aujourd'hui guère évolué.

Lors de l'une de ses expériences, Marie, auxiliaire de puériculture dans une crèche multi-accueil, en DSP dans une ville plutôt bourgeoise de banlieue, a donc été l'observatrice atterrée, pendant des années, de la présence et l'utilisation de produits toxiques sur son lieu de travail.

« Avec mes collègues, on essayait de réagir, se rappelle-t-elle. Nous tentions de faire remonter les problèmes qui expliquaient la présence de ces produits, comme les éviers bouchés dans la cuisine. Cela arrivait souvent. On faisait donc remonter un ticket à la directrice qui, elle, devait en parler au siège. Elle demandait l'intervention d'une personne pour venir déboucher l'évier. Sauf que cela s'éternisait, ça prenait tellement de temps qu'on finissait par le faire nous-mêmes. Nous finissions donc par ramener de chez nous du Destop parce qu'en fait, le midi, nous n'avions déjà pas assez d'assiettes, pas assez de cuillères pour les petits. On devait faire la vaisselle nous-mêmes et il y avait un moment où, avec tout le stress que cela nous procurait avec les enfants, avec le manque de vaisselle, cela devenait un impératif, de déboucher cet évier. On le faisait, donc, ramener des produits dangereux, même s'ils sont interdits. Nous n'avions pas d'autre choix. »

Quand nous le rencontrons, le président et fondateur du groupe en question nous assure que dans ses établissements, l'ensemble des produits d'entretien, comme tout objet qui entre dans la crèche, doit répondre à une nomenclature stricte mise en place par le département Qualité petite enfance du groupe. Les déboucheurs de canalisations comme le Destop n'en font évidemment pas partie. En revanche, « il est difficile d'empêcher les directrices d'amener des produits sur leur lieu de travail[1] », précise-t-il.

Au-delà de cette problématique et à entendre Marie nous raconter sa « vie d'avant », s'esquisse un état des lieux préoccupant, celui d'un établissement en DSP totalement désorganisé, sorte de radeau à la dérive où un accident pouvait se produire à chaque instant, chaque jour, tant la débrouille était de mise. Un endroit où les salariées, en nombre insuffisant, souvent livrées à elles-mêmes, devaient se serrer les coudes pour tenter de faire tant bien que mal leur travail, dans des conditions parfois chaotiques, dotées de moyens dérisoires.

De plus en plus de communes, ces quinze dernières années, signent des contrats de DSP avec des entreprises de crèches privées. La compétence « petite enfance » n'étant pas obligatoire pour les collectivités locales, ces contrats déchargent les villes d'une responsabilité chronophage et coûteuse, notamment en matière de ressources humaines, celle de la gestion des crèches. Par ailleurs, à partir de 2008, certaines entreprises comme La Maison bleue, le groupe Grandir-Les Petits Chaperons rouges ou encore People and Baby ont commencé à proposer des tarifs défiant toute concurrence aux collectivités locales. Dans un compte rendu de conseil municipal, la mairie où travaillait Marie, à la même période, se félicite des économies réalisées grâce à la DSP, économies que la ville met au

1. Entretien avec les autrices, 27 mars 2023.

compte de « l'excellence de la négociation ». De son côté, l'entreprise évoque « un climat social très bon sur l'ensemble des crèches », précise que dans cette crèche en particulier, « le *turn-over* est conforme à celui constaté dans le secteur d'activité ».

Mais il apparaît, d'après le témoignage de Marie, que des économies ont aussi été réalisées sur le matériel, notamment :

« Dans cette crèche, par exemple, nous avions de nombreux problèmes avec les chauffe-biberons, explique-t-elle. Normalement, on avait une biberonnerie, un endroit spécialement conçu pour ça. Mais vu que nous étions souvent en sous-effectif, aller à la biberonnerie était hors de question, cela nous faisait faire trop d'allers-retours et nous éloignait des enfants. Nous chauffions donc les biberons dans un coin de la cuisine. Sauf que les chauffe-biberons étaient usés, défaillants. Quand ils fonctionnaient, ils éclaboussaient en même temps. Certains bébés ont été brûlés avec ces chauffe-biberons. Les parents les récupéraient le soir avec des rougeurs au niveau des bras, ils s'en plaignaient. On avait beau signaler qu'il y avait des problèmes, avec ce matériel en particulier, qu'un accident plus grave se produirait un jour, la direction ne nous les changeait jamais. »

Là encore, le groupe en question est formel : « Le matériel est renouvelé régulièrement à l'aide d'un budget alloué à la directrice, et il n'y a aucun manque. »

Après notre rencontre avec Marie, nous nous sommes demandé si cette femme n'avait pas joué de malchance, si l'établissement où elle avait été employée n'était pas au bord du naufrage financier ou confronté à une direction défaillante, un manque inhabituel de personnel. « La situation de Marie est très représentative », nous assure pourtant un délégué syndical du groupe. « Ses collègues m'ont largement parlé des problèmes dans cette crèche. Mais dès que la PMI venait y faire un tour, elle prévenait la direction donc tout était mis en ordre pour éviter la fermeture », nous confie aussi une ancienne membre du conseil d'administration de la Caisse d'allocations familiales (CAF) dont dépendait la structure en question. Une élue d'opposition nous assure de son côté avoir été alertée par le *turn-over* important des salariées qui touchait l'établissement. « En conseil municipal, les rapports concernant cette crèche ont fait régulièrement état du *turn-over* des professionnelles. Or, on sait très bien que, dans le monde du travail, ce phénomène est souvent lié à un mal-être. J'ai alors eu des doutes sur le fonctionnement de cette crèche », souligne-t-elle. À l'heure actuelle, le même groupe a conservé la DSP, dans cette commune francilienne.

Pendant des mois, des années, Marie et ses collègues ont donc ramé, jour après jour. Les couches manquaient ? Elles partaient le matin, dès leur arrivée, à la supérette du quartier pour s'en procurer. Il ne restait plus aucun gâteau pour le goûter ? Les salariées finissaient parfois par en apporter le matin, piochant dans les paquets de biscuits de leurs propres enfants, à leur domicile, pour nourrir ceux de la crèche.

« Parfois, il arrivait qu'on doive partager en trois une banane pour le goûter. Ou qu'on leur donne des petits gâteaux qu'on avait mis de côté au cas où, se rappelle Marie. C'était de la débrouille, tout le temps. Mais le problème, c'est que les enfants repartaient de table en ayant encore faim. On manquait de tout, de toute façon, dans cette crèche. De jouets, de nourriture, parfois, de matériel. Cela arrivait donc qu'on fabrique des jouets. Un jour, je me rappelle une professionnelle qui avait pris des bouteilles d'eau où on avait placé du produit pour nettoyer les surfaces, c'était du produit dangereux. Elle avait donc pris cette bouteille en plastique remplie de produit qui était de couleur bleue pour amuser les enfants mais c'était très dangereux. C'était une bêtise, bien sûr, de sa part… Si la bouteille s'ouvrait, un bébé pouvait mourir empoisonné. Elle avait été remerciée. Le problème, c'est que ce sont eux qui créent de telles situations. Vu que nous n'avions pas de jouets, nous faisions avec les moyens du bord pour amuser les enfants. On faisait comme on pouvait. »

Cette expérience se situe à des années-lumière de ce que devrait être le fonctionnement normal d'une crèche. Ainsi, dans ce groupe le fonctionnement que nous décrira des mois plus tard lors de notre visite au siège du groupe le président est bien différent. « Nous commandons les repas en fonction d'un effectif global correspondant à 100 % des enfants prévus, sachant qu'en moyenne, 3 % des enfants ne se présentent pas, soutient-il. Par ailleurs, nous essayons de limiter le gaspillage alimentaire car nous jetons six cents repas tous les jours. » Il nous signale aussi la présence d'un « stock tampon » de compotes présent en permanence dans toutes les crèches pour prévenir les problèmes de livraison, par exemple, « car les incidents peuvent toujours arriver ». Par ailleurs, le président précise la présence de contraintes d'économie fixées par les collectivités elles-mêmes. « Nous avons aussi des demandes des tutelles d'utiliser à bon escient les deniers publics. On applique les règles du jeu qui sont mises au point avec la ville. »

Revenons à Marie. Pendant l'une de ses expériences, elle a donné naissance à un petit garçon. Comme cela est prévu pour les salariés de ce groupe, Marie a pu avoir une place en crèche pour son fils. Doit-on vraiment considérer cette situation comme une aubaine ? Le berceau que lui avait accordé son entreprise était sur son lieu de travail, dans le bâtiment où elle exerçait mais à un autre étage. Marie n'avait pas à s'occuper de son bébé. Mais elle a, du fait de cette proximité, été témoin au jour le jour du manque de soins et d'attention dont pâtissait son enfant. Elle a vécu cette situation comme un enfer. Nous nous devons de préciser que son fils était porteur d'un handicap qui l'empêchait de se déplacer, même à quatre pattes.

« Mon fils avait quatre mois et il passait toute sa journée au même endroit, sur un coussin. Je me rappelle très bien ce coussin. Il avait une forme de soleil. Et mon fils, il était là, à la même place, sur son soleil, et il pleurait. Quand je passais devant sa section, je toquais et je le voyais pleurer, je l'entendais. Je demandais aux collègues : attendez il est 11 heures, il pleure et ce matin, à 9 heures, il pleurait déjà. Que se passe-t-il ? On me répondait que c'était impossible de le changer de place. Je leur disais que c'était intolérable, qu'il fallait s'imaginer rester toute la journée à la même place, que c'était inhumain et que cela expliquait sans doute ses pleurs… Et mon fils, qui s'épuisait à force de pleurer, qui ne voulait pas manger… Il en a eu des périodes de déshydratation, c'était l'horreur. »

Au siège du groupe, on nous explique qu'en théorie, un protocole particulier est mis en place dans chaque établissement lors de la présence d'un enfant handicapé. « Les protocoles dépendent du handicap. Pour certains, cela nécessite un accompagnement individuel et donc la présence d'un professionnel en plus », précise encore le président. La pénurie de main-d'œuvre, qui sévit dans le secteur, empêcherait-elle les structures de recruter du personnel supplémentaire, au risque, parfois, de laisser les enfants porteurs de handicap bien seuls, livrés à eux-mêmes sur leur « soleil » ?

Marie a pourtant choisi de rester dans cet endroit où elle s'épuisait au travail, où elle était payée à un salaire à peine supérieur au Smic et où son bébé était si peu considéré. Pourquoi ? «J'ai pensé plusieurs fois partir de cet endroit. Mais j'avais un enfant, un loyer à payer, un CDI et cette crèche n'était pas très loin de chez moi, c'était pratique», se justifie-t-elle. La relation qu'elle avait nouée avec ses collègues a aussi été décisive. «Je suis aussi restée parce qu'il y avait une belle solidarité entre professionnelles. On se comprenait, on se parlait, on mettait en avant les choses qui n'allaient pas, on essayait de trouver des solutions pour faire avancer les choses», reconnaît-elle.

Cette solidarité n'avait pas que des avantages. Étant donné la situation, et le manque flagrant de personnel, Marie se retrouvait à pallier les absences de ses collègues et continuait de travailler, même au bord de l'épuisement, pour permettre à la crèche de fonctionner, d'accueillir les enfants.

«Nous devions tout le temps gérer, seules. Pour l'absentéisme, on vivait avec une épée de Damoclès en permanence au-dessus de la tête. Quand on était malades, la direction nous rappelait sans arrêt pour nous demander de revenir plus tôt que prévu. Je me rappelle un jour, j'étais venue à vélo, je m'étais dépêchée parce que je savais que mes collègues allaient être en difficulté. Quelques heures plus tard, j'ai fait une fausse couche dans la crèche. Je saignais tellement que les pompiers ont été obligés d'évacuer les enfants. On se met soi-même en danger à force d'avoir peur de laisser les autres. Même quand on est malade, qu'on ne se sent pas bien, on vient car on sait qu'on ne va pas être remplacée correctement.»

Le groupe dément cette situation, assurant pour sa part: «lorsqu'il y a un manque de professionnels, pour des raisons de maladie notamment, nous diminuons les amplitudes horaires ou fermons des sections quand cela est nécessaire.»

Marie est restée, des années et des années. Son fils est entré à l'école maternelle et sa mère était toujours là, fidèle au poste. Un matin, pourtant, son corps n'a plus répondu. Elle n'est pas parvenue à mettre un pied sur son lieu de travail. La dépression l'a agrippée et ne l'a plus lâchée pendant de longs mois. Quand elle est remontée à la surface, lentement, elle a changé de métier. Cela l'a aidée et en quelque sorte, cela l'a sauvée. Pour toutes ces raisons, Marie a hésité avant de nous accorder sa confiance. Poussée par des désirs contradictoires, elle a néanmoins fini par le faire. Comme d'autres personnes que nous avons eu la chance de croiser, Marie souhaite aujourd'hui plus que jamais lever le voile sur ces pratiques encore en cours, dans le secteur de la petite enfance. Pour elle comme pour d'autres salariées que nous avons rencontrées par la suite, il est aujourd'hui essentiel de rendre public ce qui l'a hantée et la hante encore aujourd'hui.

5

« Cadence d'usine »

Combien sont-elles à jeter l'éponge ? Essorées, fatiguées, écœurées, dégoûtées par le métier et par les conditions de travail que proposent les entreprises de crèches. Comme Marie, combien sont-elles, éducatrices de jeunes enfants ou auxiliaires de puériculture, à avoir décidé de mettre les voiles ? Certainement des centaines, peut-être des milliers. Nous avons croisé la route de dizaines d'anciennes salariées qui se sont usées à la tâche, qui ont parfois mis leur santé en danger pour satisfaire les besoins des enfants, répondre aux exigences des parents et subir la pression de leur hiérarchie.

On rencontre plusieurs types de professionnelles en crèche, notamment les auxiliaires de puériculture et les EJE. Le grand public a tendance à les confondre, elles ont pourtant des rôles très différents. Les auxiliaires possèdent un diplôme d'État de niveau bac, elles ont pour mission principale de s'occuper de l'hygiène des tout-petits mais aussi de les aider à s'éveiller. L'éducatrice, d'un niveau bac + 3, accompagne les enfants dans leurs apprentissages, notamment grâce au projet pédagogique qu'elle met en place. Enfin, nombreuses sont les jeunes femmes qui sont en poste aujourd'hui alors qu'elles ne sont titulaires que d'un CAP petite enfance, une formation de dix-huit mois que l'on peut suivre par correspondance, comme cela a souvent été le cas pendant la crise du Covid. Nous avons fait le choix de féminiser ces noms de métiers car la quasi-totalité des professionnelles que nous avons rencontrées étaient des femmes.

De prime abord, se tourner vers les entreprises de crèches, plutôt que vers les crèches municipales, comporte des avantages pour une jeune diplômée : pas besoin de passer les concours de la fonction publique pour prétendre à un contrat à durée indéterminée et donc à des facilités d'accès au logement, par exemple. Une plus grande sécurité, en somme. Mais à quelles conditions ? Ces jeunes femmes débutent souvent dans la vie active. Elles manquent d'expérience, elles ne négocient pas leur salaire, elles sont malléables, peu syndiquées, et n'ont pas encore d'enfant elles-mêmes. Parmi les motivations, il y a parfois celle de se lancer avec une équipe toute nouvelle, dans des locaux flambant neufs, quand il s'agit d'une ouverture de crèche. Un nouveau projet qui sonne comme une aventure.

Mallory[1] a vingt-trois ans quand elle commence à travailler comme auxiliaire de puériculture dans une crèche de LPCR. Elle qui avait fait ses premières armes dans une pouponnière, un établissement qui accueille des enfants séparés de leurs parents sur décision de justice, avait besoin de « changer d'air[2] ». La structure parisienne qui l'embauche vient d'ouvrir. Elle est très belle, fonctionnelle, « ça donne envie ». Il y a « un super dépliant », la promesse de repas faits sur place et des atouts que l'on ne trouve pas en crèche municipale, comme une pataugeoire et « une salle zen » : « Quand les enfants sont en crise, on les y conduit, la lumière est très apaisante. C'est une salle pour décharger, pour se reposer, c'est très bien. » Une belle opportunité, donc. Mais la jeune femme va vite déchanter.

Quand nous la rencontrons dans un café de la banlieue sud de Paris, à proximité de la crèche municipale où elle officie désormais depuis des années, cette jeune trentenaire aux grands yeux bruns a tourné la page de ses années chez LPCR. Son ton est paisible devant son chocolat chaud mais par moments, on sent la colère affleurer. Mallory se souvient de détails très précis, notamment sur ses premiers pas dans l'entreprise. Car rapidement, sa directrice lui demande de mentir aux parents : « La cuisine devait être faite sur place

1. Le prénom a été modifié.
2. Entretien avec l'une des autrices, 1er décembre 2022.

et elle me dit : va acheter des petits pots mais on n'en parle pas aux parents. Ça a duré une quinzaine de jours. Ensuite, le cuisinier est arrivé donc on a pu préparer les repas. Mais j'ai commencé à tiquer d'entrée... On aurait pu expliquer aux familles : on est en ouverture de crèche, il nous faut un peu de temps pour trouver un cuisinier, mais non. J'ai vu qu'on mentait dès le départ.» Autant dire que la méfiance à l'égard de sa direction s'est d'emblée installée. Sollicitée sur ce point, la direction du groupe dément formellement que ces mensonges soient tolérés au sein de l'entreprise : «Il fait partie de nos procédures d'utiliser les stocks de petits pots pour nourrir les enfants en cas d'incident de livraison de la part de notre prestataire alimentaire ou pour pallier l'absence d'un cuisinier. Si elle est avérée, cette situation est totalement contraire à nos principes déontologiques.»

Pressée de quitter le nid familial, Amandine, auxiliaire de puériculture, a, elle aussi, fait le pari d'intégrer une entreprise privée dès la sortie de sa formation. Quand nous la rencontrons, elle n'a pas encore trente ans et s'est déjà reconvertie comme assistante maternelle, après une petite dizaine d'années passées au sein du secteur lucratif. Elle vient alors de recevoir les premiers parents intéressés par ses services. Elle leur a fait visiter sa maison de Villeroy (Seine-et-Marne), ancienne mais rénovée, dont le jardin donne sur une campagne s'étendant à perte de vue. Lors de son expérience dans le secteur marchand, la jeune femme aux yeux clairs, silhouette tonique et style décontracté, a connu plusieurs postes, notamment chez Babilou, La Maison bleue et dans une microcrèche privée. Elle ne se fait pas prier pour revenir sur ces expériences professionnelles. Au milieu d'un déluge de critiques, déversées d'un débit rapide, Amandine s'attarde particulièrement sur «la cadence d'usine» induite par les pénuries de personnel. «On travaille comme dans les usines Renault, sur les chaînes de construction des voitures. On travaille aussi vite et aussi bien, mais là, on parle d'humains.»

En 2018, voici la jeune femme embauchée dans une crèche faisant partie d'un groupe, située en Île-de-France. Deux semaines par mois environ, elle se retrouve seule pour gérer la section des moyens. Une de ses collègues enchaîne les arrêts maladie et n'est que rarement remplacée.

«Ça coûte trop cher, voyons! raille-t-elle. Au niveau de la crèche, nous étions en nombre, mais dans la section, jamais, poursuit l'assistante maternelle. Parfois, je me retrouvais seule avec quatorze bébés. Honnêtement, c'est très dur à vivre. On se transforme en espèce de monstres, en fait… Au départ, maltraiter les enfants, ce n'est pas ce qu'on veut mais on devient maltraitante parce que… Là, il faut donner à manger à Pierre, Paul, Jacques mais Jean-Claude est en train de pleurer et il a juste besoin d'un câlin, mais on est seule. Et le nuage de Tchernobyl n'est pas venu jusqu'à nous pour nous faire pousser quatre bras. Et dans ces situations-là, on aimerait bien les avoir, ces quatre bras, parce qu'on gérerait mieux.»

«Cadence d'usine», «travail à la chaîne»... Combien de jeunes professionnelles se sont retrouvées confrontées à ce sentiment d'être des ouvrières de la petite enfance? «Quand j'entends parler de manque de vocations, je dis non! En quelques années, on vous dégoûte du métier. Pendant vos études, vous passez votre temps à travailler la pédagogie, la psychologie, et sur le terrain, vous êtes confrontée à du rendement[1]», s'indigne Vanessa, quadragénaire, ancienne EJE chez Babilou.

Autre structure privée, même constat, même écœurement: «On fait du gardiennage, on fait de l'usine à bébés et on n'est pas là pour ça, juge Sidonie[2], auxiliaire de puériculture qui a quitté LPCR à Aix-en-Provence. On pare au plus pressé en attendant que le temps passe. Ajoutez à ça les risques professionnels: les problèmes de dos, les risques auditifs... Vous êtes dans le bruit toute la journée... Et puis, vous êtes un peu recluse sur vous-même car vous n'avez pas le temps pour les réunions d'équipe, ou alors trop peu, vous ne voyez pas forcément la psychologue... Vous êtes en vase clos», détaille-t-elle sans reprendre son souffle. Elle aussi impute ces difficultés sur le terrain aux collègues non remplacées, aux intérimaires en trop petit

1. Entretien avec l'une des autrices, 11 octobre 2022.
2. Le prénom a été modifié.

nombre. Interrogé sur la situation de ses crèches en DSP, le groupe LPCR soutient pourtant respecter les taux d'encadrement. «Ceux-ci sont par ailleurs contrôlés mensuellement par la municipalité», nous précise-t-on. Reste que Sidonie, elle, décrit la perte de sens et la démotivation que cela produit chez ces jeunes femmes.

Personne ne conteste cette pénurie de personnel. C'est même l'argument choc mis en avant par tous pour justifier la tempête que traverse le secteur de la petite enfance. Rappelons que le taux d'encadrement légal est d'un adulte pour cinq bébés non marcheurs et d'un adulte pour huit marcheurs, ou d'une professionnelle pour six enfants. En avril 2022, il manquait près de 9 000 auxiliaires de puériculture et EJE, soit 8 % des effectifs, selon une étude de la Caisse nationale des allocations familiales (Cnaf) menée auprès des crèches[1]. Mille six cent vingt-trois postes de direction étaient également non pourvus. Les termes «attractivité» et «revalorisation» des métiers sont sur toutes les lèvres.

Porter les bébés, supporter leurs pleurs... Travailler en crèche est physique et fatigant, même pour celles qui apprécient leur quotidien. Mélissa, notre EJE croisée lors de la manifestation du 6 octobre, le résume très bien : «C'est vrai que ce n'est pas facile de travailler auprès des enfants,

1. Enquête nationale de la Cnaf, «Pénurie de professionnels en établissement d'accueil du jeune enfant», juillet 2022.

on est au sol toute la journée. J'ai vingt-trois ans et j'ai déjà mal au dos», glisse-t-elle. Mais la jeune femme s'y plaît bien, dans sa crèche francilienne. «Dès qu'il y a un poste vacant, une nouvelle pro arrive dans le mois qui suit et elle reste. Il y a une bonne dynamique, une bonne ambiance. J'ai connu des stages où le midi, tout le monde mangeait avec le nez sur son téléphone. Ici, on se connaît, on monte des projets ensemble», décrit-elle, avec un enthousiasme communicatif.

Selon les témoignages qui nous ont été confiés, ces expériences heureuses tiennent notamment au personnel en nombre bien sûr, mais aussi à la stabilité de l'équipe, à l'engagement de la directrice sur le terrain, aux temps d'échanges entre collègues. À l'inverse, l'impression permanente d'enchaîner les tâches, de courir après le temps, l'impossibilité à créer du lien avec les bébés dont on a la charge, la sensation de ne prendre aucun recul sur sa pratique créent du ressentiment. Cela use, cela frustre, on se désinvestit et puis on part.

Hélène Ledien est une observatrice directe de ces conditions de travail qui «essorent» et «écœurent» les professionnelles. Elle est psychologue dans des crèches publiques et privées d'Île-de-France et membre de l'Association nationale des psychologues pour la petite enfance (Anapsy). Elle milite de longue date pour «défendre des modes d'accueil de qualité». Cette pratique, cette expérience, lui permet d'avoir un regard éclairant sur ce qui se passe à l'intérieur des établissements d'accueil des jeunes enfants. Et ses remarques, pleines de bon sens, se concentrent sur l'essentiel : «Dans certaines structures, l'équipe perd le fil de ce qu'est un bébé, et de ce dont il a besoin[1].» D'une voix douce et d'un ton appliqué, Hélène Ledien développe son propos :

«L'enfant a besoin d'une professionnelle qui se sent concernée par lui, qui investit cette relation et qui peut le faire car autour, dans la structure, il n'y a pas de problèmes majeurs. Pour avoir cette disponibilité psychique, une professionnelle ne doit pas être préoccupée en permanence par des choses de l'organisation ou par une ou deux ou trois collègues qui ne sont pas là ce jour-là. Elle ne doit pas se dire : il faut aussi que je lance une machine, il faut aussi que je fasse les commandes.»

Une autre psychologue de l'Anapsy que nous avons rencontrée commente elle aussi ces moments où les professionnelles mettent le mode «automatique». «Ça se passe comme ça quand elles sont épuisées, quand il n'y a plus de projet pédagogique dans l'équipe, plus d'occasions de réfléchir ensemble. Je le dis souvent : les enfants ne sont pas des petits rôtis qu'on change et qu'on remplit, ce sont de petits humains en développement. Ils ont besoin qu'on les regarde, qu'on s'adresse à eux, qu'on leur propose les bras.» Nous y reviendrons.

1. Entretien avec l'une des autrices, 20 mars 2023.

Pourquoi l'organisation telle qu'elle peut être proposée conduit-elle à ce sentiment de mal-être, à cette perte de sens et parfois à des formes de maltraitance? «On se retrouve avec des femmes qui sont dans le fond pleines de bonne volonté, qui ont des connaissances et dont les connaissances ne sont pas du tout mises en valeur, qui sont usées par le travail, physiquement, mentalement et qui en viennent à crier [...] c'est dommage parce que ce sont des personnes au grand cœur, avec plein de ressources», regrette Sidonie.

Les directions s'en défendent à grands cris mais plusieurs anciennes salariées nous ont aussi détaillé de constantes préoccupations de faire des économies, génératrices de malaise : ici des tentatives de rationnement des couches, là des repas commandés en trop petit nombre ou encore un manque de jouets dans les sections. Adeline[1], ancienne encadrante d'une crèche Maison bleue d'Île-de-France, décrit cet aspect «multitâche» imposé par la direction : «Si l'agent polyvalent ne faisait pas une partie du ménage, ce n'était pas grave parce qu'il fallait qu'elle aide auprès des enfants. Quant aux auxiliaires de puériculture, elles pliaient du linge en fin de journée quand elles avaient moins d'enfants, se souvient-elle. Moi, ça faisait partie de mes tâches de commander les repas. On avait 20 enfants mais il fallait commander pour

1. Le prénom a été modifié. Entretien avec l'une des autrices, 4 novembre 2022.

15. Il fallait prévoir au rabais car, soi-disant, les enfants ne finissaient pas et alors les salariées se servaient et la direction n'était pas là pour nourrir les salariées donc c'était de l'argent jeté par les fenêtres. » Elle soupire : « C'était sur tout. On nous disait : on ne peut pas, il n'y a pas d'argent, il n'y a pas de budget. On répète tout le temps ça aux salariés. »

Sollicitée sur ce point, la directrice de La Maison bleue s'en remet à la « totale autonomie » des directrices quant au passage de commandes : « Chaque directrice passe ses commandes directement sur la plateforme, un mois à l'avance [...]. Jusqu'à la veille, elle peut ajuster en fonction du nombre d'enfants qu'elle sait présents, insiste Claire Laot. Il n'y a pas de validation par le siège. »

Dans son ancienne crèche parisienne de LPCR, Mallory assure, elle, que consigne avait été donnée d'utiliser « trois couches par enfant par jour » : « On avait un ratio. Quand on demandait à la directrice de faire une nouvelle commande, elle nous disait : "Encore ?!" Mais ce sont des enfants ! Il y a des périodes où ils sont malades, où ils ont des selles liquides, on est obligées de les changer souvent. Donc elle a dit : "C'est trois couches par jour". On n'écoutait pas. On passait pour des rebelles et on se faisait recadrer par les cadres. Je n'en revenais pas ! Je me suis dit : trois couches dans la journée... Je ne peux pas accepter ça. »

De son côté, la direction de LPCR conteste formellement rationaliser les stocks : « Les couches, c'est *no limit*, insiste le PDG Jean-Emmanuel Rodocanachi. Aucune restriction de couches n'est exercée dans les crèches de notre réseau.» Il confirme que les commandes effectuées par les directrices sont bien surveillées, mais pour une tout autre raison : «Une ou deux fois par an, on a un relevé annuel du nombre de couches qui ont été commandées, crèche par crèche, et ça nous permet de voir les vols de stock, détaille le fondateur du groupe. Il y a toujours quatre ou cinq crèches où tout d'un coup, il y a trois fois plus de consommation que dans toutes les autres crèches. Et malheureusement, on a souvent constaté, dans le passé, que c'est parce que quelqu'un s'était servi dans la réserve.»

Dans leur dernier ouvrage, *Les Femmes, les Jeunes et les Enfants d'abord. Investissement social et économie de la qualité*, paru début 2022[1], les chercheurs Bruno Palier et Clément Carbonnier questionnent et évaluent les politiques publiques qui concernent notamment l'accueil du jeune enfant. Nous leur avons demandé leur avis sur l'essor des crèches privées en France depuis vingt ans : «On est bien dans une logique du low cost, ainsi qu'on l'appelle dans notre livre. C'est-à-dire qu'on cherche à faire à moindre coût. Forcément, on ne peut pas imaginer faire aussi bien à moindre coût que quand on met de l'argent. Et le sujet, c'est qu'on ose faire ça

1. Bruno Palier et Clément Carbonnier, *Les Femmes, les Jeunes et les Enfants d'abord*, Paris, PUF, 2022.

pour les personnes âgées et pour les enfants. C'est ce qui me choque», nous répond Bruno Palier.

«Ces économies se font au détriment de l'État qui finance tout ça… Et au détriment des salariées aussi : ils disent qu'ils n'arrivent pas à recruter mais il faut voir les salaires et les conditions, commente un ancien cadre de People and Baby, qui a quitté le secteur. Parfois on se dit : est-ce qu'ils ne feraient pas mieux de faire moins de bénéfices, d'ouvrir moins de crèches et de mieux payer leurs salariées ?»

Dans sa crèche municipale de région parisienne, Mallory, auxiliaire de puériculture, gagne «presque 1800 euros» quand elle touchait «1200 euros» pour le même poste chez LPCR. Dans sa crèche privée, Mélissa, EJE depuis deux ans, nous dit avoir négocié un salaire net mensuel autour de 1600 euros par mois et ne pas avoir reçu de primes depuis son embauche. «Heureusement que je suis motivée, commente-t-elle avec pudeur, parce que je pense que j'aurais pu abandonner et aller dans une crèche où je serais mieux payée. Avec toutes les propositions d'emploi que je reçois…» Elle ajoute : «On n'est pas assez reconnues, pas assez valorisées, notamment *via* les salaires. Le nombre de parents qui nous disent le matin : "Amusez-vous bien"… Bah non, on n'est pas là pour s'amuser en fait, c'est un travail à part entière.»

Chercheur à l'Institut de recherches économiques et sociales (Ires) et collaborateur scientifique auprès du HCFEA, Antoine Math s'est aussi attardé sur l'ouverture de la petite enfance au privé et sur ses conséquences : « La recherche de rentabilité, la mise en concurrence conduisent forcément à vouloir agir sur cette variable qu'est la masse salariale. Si on veut la réduire au maximum, on touche aux salaires mais aussi aux conditions de travail, on vise la réduction des temps morts… On va jouer avec les règles, en termes d'encadrement, en termes de niveau de diplôme. Un des moyens de faire des économies, c'est de ne pas être regardant sur la qualification des personnes[1] », donne-t-il en exemple, afin de les payer moins cher.

Ce phénomène est à l'œuvre dans les crèches, mais aussi dans les hôpitaux, dans les Ehpad. Il l'est dans tous les métiers du soin, essentiels à notre société – la crise du Covid l'a encore démontré – et dont les professionnels subissent aujourd'hui une intense remise en question, quand ce n'est pas un profond mal-être.

---

1. Entretien avec l'une des autrices, 5 décembre 2022.

6

Les directrices, de « bons petits soldats »

« Aujourd'hui en structure, les directrices passent leur temps devant leur ordinateur. C'est leur meilleur ami. » Matthieu Menguy a le sens de la formule. Sur l'estrade, où il intervient[1], ce matin, face à un parterre de professionnelles, le cosecrétaire de la Fédération nationale des éducateurs de jeunes enfants (FNEJE) dit tout haut ce que beaucoup de nos témoins nous confient à voix basse. Ses paroles réconfortent les premières concernées, présentes en nombre dans la salle Laroque du ministère de la Santé.

« Normalement, le travail des directrices, c'est quand même d'accompagner les équipes au quotidien, poursuit le syndicaliste, l'allure bonhomme et la voix sûre. Dans un grand groupe de crèches, le contrôle

1. Propos tenus lors de la table ronde « Qualité d'accueil : la grande question/Les évolutions du secteur (ouverture au privé lucratif et financement *via* la PSU) ont-elles impacté la qualité d'accueil ? », lors du Printemps de la petite enfance, 20 mars 2023.

de gestion fait des réunions mensuelles avec les coordinatrices. Et ensuite, les coordinatrices doivent voir toutes les directrices de leur secteur et leur dire : là tu n'as pas rempli ton chiffre le mois dernier, comment tu vas faire pour le remplir ce mois-ci? Et si tu ne remplis pas tes chiffres, de toute façon, tu n'auras pas tes primes, voilà. Ça, ce sont des exemples au quotidien. »

Applaudissements nourris dans la salle. Matthieu Menguy tape juste.

Au-dessus des éducatrices et des auxiliaires de puériculture, il y a donc d'autres femmes, les directrices. Celles-ci peuvent posséder un diplôme d'EJE, d'infirmière ou de médecin. C'est un détail notable et intéressant : en France, historiquement, les crèches ont été considérées comme des manières de prodiguer aux enfants d'ouvriers des soins essentiels et donc de faire reculer la mortalité infantile.

Les temps ont bien changé, les missions dévolues à ces professionnelles aussi. Les directrices de crèches se disant en surchauffe, étouffées sous la charge administrative, soumises à la pression des tutelles et du siège sont légion. Ce malaise grandissant avec les années n'est pas propre au secteur privé lucratif, il est partagé par leurs collègues des crèches municipales ou associatives, mais le management par les chiffres, les tâches annexes qui sont demandées aux encadrantes des groupes de crèches, viennent avec certitude le renforcer.

L'histoire récente du mode de financement des établissements d'accueil des jeunes enfants permet de comprendre comment le secteur en est arrivé là. En 2002, la Cnaf acte la création de la Prestation de service unique, la fameuse PSU, l'outil de gestion qui donne aujourd'hui des cauchemars aux gestionnaires. Cette aide au fonctionnement est versée aux crèches qui proposent des tarifs modulés en fonction des revenus des parents. Qui dit hauts revenus dit participation familiale importante et faible PSU, et inversement. Une nouvelle organisation mue par l'idée noble qu'ainsi, les structures ne pratiqueront plus, ou moins, la chasse aux familles aisées ou arrêteront tout du moins d'effectuer « un tri des familles », comme le rappelle Marie-Hélène Hurtig, puéricultrice formatrice, qui se qualifie elle-même de « vieille de la petite enfance » ! « Avant, si on n'avait que des familles pauvres dans notre crèche, on avait des difficultés à survivre[1] », assure l'ancienne directrice de structure.

La PSU est d'abord attribuée en fonction du nombre d'heures facturées aux familles et il est possible de s'inscrire pour une demi-journée ou une journée. Mais face aux fraudes, aux « escroqueries », dit même Marie-Hélène Hurtig, les pouvoirs publics décident, en 2014, de modifier son fonctionnement : à cette date, l'obtention de la PSU devient conditionnée au « service rendu aux

1. Entretien avec l'une des autrices, 4 avril 2023.

familles» (à savoir la fourniture, ou non, des couches et des repas) et est attribuée en fonction du taux de facturation, c'est-à-dire du rapport entre le nombre d'heures facturées et le nombre d'heures réalisées.

«À cette date, soutient-elle, tous les gestionnaires, et davantage encore les privés, se sont lancés dans une course folle pour avoir le plus d'heures facturées possibles : parce que la PSU paye en heures facturées mais paye plus quand le facturé et le réel sont très proches. On est rentrés, en 2014, dans un cycle fou, avec des objectifs inatteignables. Pour gagner le gros lot, et ça c'est infaisable, il faudrait avoir un très bon taux de remplissage avec un différentiel réel/facturé quasiment nul, ce qui est déjà très compliqué à faire.»

Pourquoi? «Eh bien notamment parce que les établissements sont souvent ouverts entre onze et douze heures par jour et, Dieu merci pour eux, il y a assez peu d'enfants qui passent onze ou douze heures à la crèche», nous répond Marie-Hélène Hurtig.

Les directrices, qui avaient déjà les yeux rivés sur leurs chiffres, ne lèvent plus la tête de leur ordinateur et tentent de remplir au maximum leur structure, afin de grappiller le plus de PSU possible. La pratique du *surbooking*, c'est-à-dire le fait d'accepter davantage d'enfants que la capacité officielle d'accueil de la structure, en misant sur les absents – ce qui est autorisé par la CAF, dans la limite du raisonnable – s'intensifie. Peut se jouer ici l'obtention de la prime de l'année. Pour certaines directrices, il s'agit d'un objectif personnel – «Je voulais gérer en bon père de famille», nous disent-elles – mais d'autres témoignent d'une intense et incessante pression venue d'en haut. Les femmes qui ont accepté de se livrer, du fait de leur poste actuel ou de leur ancienne responsabilité, ont souhaité ne pas être reconnues. Nous avons donc, à leur demande, modifié leur prénom.

Le récit de Caroline, notamment, est éclairant :

«Un groupe comme People and Baby met énormément de pression sur les chiffres pour les directrices, explique-t-elle. [...] Je devais combler les places libres parfois le matin même. En fait, on a nos familles habituelles et quand il y a des vacances ou ce genre de choses, on fait appel à ceux qu'on appelle "les parents toc-toc". Ce sont ceux qui viennent taper à la porte pour savoir si on a une place. On prend leurs coordonnées et on les appelle s'il y a un désistement. Le seul but, c'est de remplir la crèche. On fait du chiffre d'affaires.»

Ces pratiques sont assumées par le groupe qui nous explique qu'une des missions affectées aux directrices est de «remplir les structures selon leur capacité autorisée. [...] Cela est en effet plus difficile pendant les vacances scolaires, poursuit la direction de People and Baby. À ce titre, elles doivent proposer les places vacantes à d'autres enfants qui pourront découvrir l'accueil en crèche, au moins pendant les vacances. Elles doivent bien sûr respecter les ratios d'encadrement chaque jour et n'accueillir aucun enfant en surnombre. [...] Elles adaptent chaque semaine les équipes en fonction des enfants réellement présents, ce qui garantit la qualité d'accueil des enfants et des conditions de travail des équipes. »

Comment sont accueillis ces enfants d'un jour, d'une matinée ou d'une après-midi ? Les parents remplissent-ils une fiche d'information ? Leur colle-t-on sur le dos une étiquette avec leur prénom, leur âge et leur doudou préféré, pour favoriser leur intégration ? On s'interroge.

Félicie, ancienne directrice d'une structure parisienne du même groupe, avait un mauvais taux de remplissage. Nous la rencontrons dans la crèche associative, à Paris, dont elle est à présent directrice. Elle s'y sent beaucoup mieux. Baskets dorées aux pieds, cette femme aux faux airs de Julia Roberts, à l'allure dynamique, est encore scandalisée du traitement qu'elle a subi. « On me demandait de faire du porte-à-porte, de mettre des flyers dans les boulangeries du quartier pour faire venir des parents, au prétexte que ma crèche n'était pas assez remplie », se souvient-elle. Voilà certaines directrices qui, en plus de l'encadrement de leur équipe et de la gestion de la crèche, doivent faire office de commerciales. « Il est à noter que le travail commercial principal est effectué par des commerciaux dédiés dans chaque région, en lien avec la crèche pour l'accueil des familles», nous précise People and Baby.

Antoine Math, chercheur à l'Ires, fait à nouveau un parallèle avec le secteur hospitalier : «Le financement de l'activité à l'heure, introduite avec la PSU, se rapproche de la tarification à l'acte à l'hôpital. Cette gestion par le chiffre, au plus près, au plus juste, nuit aux conditions de travail et donc à la qualité de l'accueil.» Il se fait catégorique : «Dès que vous devez dégager une rentabilité, cela modifie l'organisation du travail. On en parle quand il y a des scandales mais c'est un mode de fonctionnement. On le comprend grâce à nos discussions avec les directrices, explique-t-il. Ce reporting incessant, ces évaluations permanentes par les chiffres introduisent un changement et une dégradation de l'organisation du travail, et particulièrement dans les métiers du soin.»

Nous sommes clairement là dans un management par les chiffres, par les primes. La politique du bâton et de la carotte, dirons-nous. Ou du chocolat et de la mandarine.

Félicie, notre ancienne directrice de micro-crèche People and Baby à Paris, décrit des réunions mensuelles, en forme de cérémonie, où l'humiliation des professionnelles était de mise :

«La coordinatrice commençait la réunion en donnant ses tops et ses flops, à savoir les trois crèches qui avaient le meilleur taux d'occupation et les trois qui avaient le moins bon. On était une quinzaine autour de la table et, pour féliciter les trois meilleures, elle leur jetait des chocolats. À Noël, elle avait balancé des mandarines, raconte-t-elle, encore estomaquée d'avoir vécu cette scène. J'avais des collègues qui étaient hypercontentes d'être dans le top 3, elles ne voyaient pas l'absurdité du truc. [...] Mais du coup, cette coordinatrice mettait une telle pression aux directrices qu'elles avaient de très bons chiffres. »

Nous lui demandons à quoi donnait droit le triste privilège d'être dans la queue du peloton... « Rien, à part le fait d'avoir la honte devant tout le monde », nous répond Félicie. Confrontée à ce témoignage, la direction de People and Baby qualifie ce mode de fonctionnement d'« inadmissible et sanctionnable » et assure « tout mettre en œuvre pour que ces situations dégradantes ne se reproduisent pas ».

Amélie, qui a, pendant plusieurs années, occupé un poste de coordinatrice pour LPCR en région parisienne, confirme la tenue régulière de ce qu'elle nomme « un dialogue budgétaire » mensuel avec ses responsables de structure. Mais, dit-elle, il ne s'agissait aucunement de séance d'humiliation : « On demandait aux directrices d'être en capacité d'expliquer leur taux d'occupation au regard de l'état de leur équipe, explique-t-elle. Si vous avez la moitié de l'équipe présente, vous ne pouvez pas avoir la même activité que si vous avez tout le monde. Dans ce cas, il faut être au taquet sur le taux d'occupation. »

Femme à poigne, professionnelle d'expérience, Amélie comptait treize crèches dans son périmètre, réparties dans plusieurs départements franciliens. Elle aussi devait communiquer l'ensemble de ses chiffres, chaque semaine, à sa N + 1, la directrice régionale. «Je lui racontais les points bloquants : les difficultés de recrutement, les insatisfactions des parents, les défauts de commercialisation d'une crèche, les difficultés de maintenance...» énumère-t-elle. Structure pyramidale, où chaque échelon rend des comptes au barreau du dessus. Amélie est de celles que l'on pourrait nommer «les bonnes élèves» : après une première carrière en milieu hospitalier, elle devient directrice de crèche, poste dans lequel elle effectuera un passage éclair, avant d'être propulsée coordinatrice. Tout cela en se formant régulièrement, en parallèle de sa carrière. Le problème, selon elle, tient en grande partie au manque de formation des professionnelles : «Les directeurs d'établissement ne sont pas des managers à la base. Les puéricultrices, les éducatrices de jeunes enfants, elles ne font pas d'école de management. C'est difficile pour elles de porter certains messages, comme le fait de refuser des enfants parce que les pros ne sont pas en nombre suffisant. C'est là qu'elles ont besoin d'être très accompagnées, par les coordinatrices, et par les directions de ces crèches privées.»

Mais avait-elle réellement les moyens de le faire? «Treize crèches par coordinateur, c'est beaucoup trop, c'est dément», lâche-t-elle. Se sentait-elle submergée? «Bien sûr! Moi je commençais à 7 heures du matin et à 20 heures, j'y étais toujours, cinq jours par semaine, et week-end compris quand il y avait trop de mails à traiter. C'est démentiel, c'est démentiel, répète-t-elle, tout en reprenant sa posture de «bonne élève» : Mais c'est parce que je mettais un point d'honneur à accompagner les directeurs d'établissement.»

Est-ce à dire que pour être une bonne directrice, une bonne coordinatrice, il faut tout donner, quitte à y laisser sa santé? Pour Laurine, jeune directrice de crèche dans une structure parisienne, gérée en DSP, l'expérience s'est en effet terminée à l'hôpital.

«J'ai eu une première crise épigastrique. En gros, c'est mon corps qui disait stop donc je me suis retrouvée sous perfusion, pour me calmer parce que j'étais trop stressée. J'ai eu deux ou trois jours d'arrêt puis j'y suis retournée. Pour moi, il fallait tenir : pour les équipes, en tout cas celles qui étaient motivées, pour les parents, pour les enfants... Mais un mois et demi après, j'ai fait une deuxième crise et je me suis de nouveau retrouvée à l'hôpital. Là, les médecins m'ont dit : "Mademoiselle, que se passe-t-il dans votre vie? C'est psychologique, c'est votre corps qui s'attaque à vous-même"», raconte la jeune femme. Elle a alors vingt-six ans et gère une crèche d'une quarantaine de berceaux. Avec son lot de pénurie de personnel – «On était à moins deux en permanence» – et des parents inquiets de la mauvaise ambiance qui règne dans la structure. Sa hiérarchie tente bien de l'aider mais elle connaît «quatre coordinatrices en un an et demi [...]. J'aurais dû être davantage accompagnée, ça, c'est une certitude.»

Le jeune âge de Laurine peut surprendre : à vingt-six ans, a-t-on la maturité nécessaire pour encadrer une équipe, être responsable du sort d'une quarantaine d'enfants, maintenir un dialogue constructif et cordial avec au moins autant de parents? Oui, à en croire les pouvoirs publics. Un décret paru en septembre 2021 autorise désormais toute personne titulaire d'un diplôme de médecin, de puériculture ou d'EJE à prendre des fonctions de direction, sans justifier d'une expérience préalable. «Avant cette date, une expérience de trois ans était requise mais il y avait tellement d'établissements qui n'arrivaient pas à recruter qu'ils ont réduit les exigences et baissé les conditions pour occuper un poste de direction», nous éclaire Marie-Hélène Hurtig.

«Ces entreprises embauchent des personnes qui sont en tout début de carrière, confirme Pierre Suesser, pédiatre et médecin de PMI. Mais se pose la question des conséquences de leur jeune âge sur les équipes de travail. De fait, si celles-ci ne sont composées que de salariées sans expérience, il y a forcément des impacts à craindre sur la qualité de l'accueil», estime celui qui compte parmi les membres fondateurs du collectif Pas de bébés à la consigne.

La jeunesse des directrices de crèche peut être un atout, elles sont peut-être plus dynamiques mais sont également moins sûres d'elles. Elles peuvent aussi moins bien résister à la pression. L'injonction à utiliser trois couches par jour, Monique, coordinatrice dans une mairie de l'Ouest parisien, dit l'avoir déjà entendue. Elle a une petite cinquantaine d'années et un franc-parler à toute épreuve. Son éphémère expérience comme directrice d'une grosse structure Maison bleue l'a vaccinée contre le secteur marchand. «Je ne voulais pas mourir, hein.» Durant deux ans, son employeur lui a ainsi demandé d'encadrer sa crèche, tout en «accompagnant les directrices» de cinq structures des villes environnantes, par intermittence. Tout cela sans avoir le titre de coordinatrice. À ce souvenir, son ton se fait grinçant. «On faisait des économies, on s'appuyait sur ma gentillesse.» Elle a fini par claquer la porte. Quand nous avons échangé avec elle, la directrice générale de Maison bleue nous a expliqué qu'il s'agissait d'une pratique encadrée par le code de la santé publique, «qui autorise une directrice à prendre la direction de trois structures maximum pour un total de 59 berceaux». Claire Laot a également précisé que ces directrices étaient rémunérées pour ça. «Ce n'est pas notre modèle mais ça peut arriver temporairement, nous a-t-elle encore expliqué. On essaie de faire en sorte que ça ne dure pas plus d'un mois.»

Revenons aux consignes de commander des repas en sous-nombre ou de rationner les couches. «Ceux qui acceptaient, je les appelais les bons petits soldats, commente Monique. Moi qui suis vieille, j'ai plus de maturité, je suis capable de tenir tête à ma hiérarchie.»

Gwenaëlle[1], même tranche d'âge, même combat. «Je pense que les petites nouvelles qui arrivaient étaient plus formatées sur les coûts, les économies», considère-t-elle, forte d'une longue expérience chez un des leaders du secteur. Elle se souvient comme si c'était hier de l'incident qui lui a fait rendre son tablier.

«Le moment où j'ai pété un plomb, c'est quand ils m'ont dit : "Là, vous avez besoin de quelqu'un donc vous embauchez en CDD mais seulement jusqu'à la Toussaint. Vous interrompez le contrat pendant les quinze jours de vacances, quand il y a moins d'enfants, et vous le reprenez après." J'ai dit : "Mais ce n'est pas possible, la nana aura peut-être trouvé un autre boulot entre-temps et je vais être obligée de mettre encore un nouveau visage devant les bébés". Et puis, j'ai trouvé ça nul pour ces fameuses personnes en CDD : comment s'investir auprès d'un groupe d'enfants quand on sait qu'on n'est là que pour un mois et demi? Et puis, vous imaginez pour la directrice? Vous passez combien d'entretiens d'embauche pour trouver la perle rare? Ensuite, il faut la former et tout ça

1. Entretien avec l'une des autrices, 23 novembre 2022.

pour un mois et demi de contrat… C'est déjà un travail précaire, la crèche, elles sont payées au Smic… C'était vraiment l'horreur. »

C'était aussi l'injonction de trop. L'« horreur », l'obsession des chiffres, la peur de l'erreur… Au-delà des répercussions pour les directrices elles-mêmes (combien d'entre elles nous ont confié être parties en *burn-out* ou en dépression ?), nos observatrices que sont les psychologues de l'Anapsy nous éclairent sur les conséquences d'une telle pression sur les équipes qu'elles chapeautent :

« Si les directrices sont constamment derrière leur ordinateur à remplir leur tableau et à faire leurs comptes, elles ne peuvent pas faire ce travail de soutien, d'accompagnement et de compréhension de leur équipe. C'est en allant sur le terrain qu'elles vont pouvoir dire ou se dire : ce serait bien qu'une telle fasse une petite formation, je vais le lui proposer, commente Hélène Ledien. Si elles ne peuvent pas aller en section pour écouter et observer, leurs équipes sont vite en difficulté. »

La directrice générale de La Maison bleue, elle, tend à minimiser cette pression par les chiffres, expliquant ces difficultés par le manque de formation et les désirs déçus de certaines aspirantes aux postes de direction. « C'est un poste hautement pédagogique mais hautement managérial, résume Claire Laot. C'est compliqué, de gérer une équipe avec tous ses dysfonctionnements, avec son quotidien. C'est un poste aussi hautement administratif : il y a des déclarations à faire, des contrats à remplir. Il y a du personnel à gérer. Elles ne l'ont pas forcément toujours complètement anticipé, ce n'est pas pour ça qu'elles ont fait ce métier, elles l'ont fait parce qu'elles sont éducatrices de jeunes enfants. Mais c'est tout ce qui va avec le poste. Et si on ne leur laissait pas leur autonomie, on dirait que c'est le siège qui supervise tout. »

À lire cet argumentaire, on s'interroge : à quelle « autonomie » fait donc référence la directrice générale du groupe La Maison bleue ? « Dans le privé lucratif, les directrices sont souvent positionnées comme des exécutantes. Pour moi, le principal problème, c'est le manque d'initiative, le formatage, elles doivent être dans le moule », abonde Marie-Hélène Hurtig, formatrice petite enfance qui a, tout au long de sa carrière, côtoyé des centaines de professionnelles de la petite enfance et échangé avec elles. Les directrices doivent rendre des comptes, justifier leur budget, demander une rallonge au siège en cas d'imprévu. Tout est tracé, « processé ». Elles se sentent de moins en moins directrices, de plus en plus gestionnaires. Et d'utiliser cette expression guerrière, déjà entendue chez d'autres : « Elles doivent être de bons petits soldats, point. »

7

Et les enfants, comment vont-ils ?

Comment mesurer le bien-être ? La question, pour les adultes, s'avère déjà délicate. Mais pour des enfants qui ne parlent pas encore, il s'agit d'un mystère insondable.

Comment vont-ils donc, ces petits êtres, parfois lâchés dès quatre mois dans le grand bain de la crèche ? Comment ressentent-ils le mal-être actuel de la profession que nous venons de décrire ? Quelles sont les répercussions sur eux de la dégradation des conditions de travail des salariées, des bouleversements à l'œuvre ? Autant de questions essentielles auxquelles les adultes, qu'ils soient universitaires, parents ou professionnels, peinent à répondre et ce, pour une raison évidente : les tout-petits ne parlent pas. Ils peuvent pleurer, s'énerver, mordre, détourner la tête mais ils ne fourniront aucune explication à leurs parents sur les raisons de leur crise de larmes du matin, ou leurs réveils à répétition de la nuit.

À défaut de pouvoir vraiment quantifier le bien-être, les études actuelles mesurent le développement de l'enfant accueilli en collectivité. Elles sont relatives à la cohorte l'Étude longitudinale française depuis l'enfance (Elfe). Mené pour la première fois en France, le suivi de ce groupe d'enfants de la naissance à l'âge adulte vise à mieux comprendre comment leur environnement affecte leur santé, leur développement, leur socialisation.

Or, les premiers résultats d'Elfe sont sans appel[1] : en crèche, l'enfant va prononcer en moyenne davantage de mots qu'un enfant du même âge gardé par ses parents ou une assistante maternelle. « On voit un impact positif de la crèche sur le développement du langage. Sur cent mots, ceux qui sont gardés en crèche arrivent à en dire douze de plus que ceux, au même âge, qui sont gardés à domicile[2] », nous éclaire Anne Solaz, sociologue de l'Institut national des études démographiques (Ined). En crèche, l'enfant apprendra donc davantage de mots, mais ira-t-il mieux pour autant ?

Séverine[3] ne savait pas pourquoi sa fille âgée de six mois pleurait, tous les matins, quand elle la déposait à la crèche. Elle l'a compris tard et s'en est amèrement voulu. La jeune femme habite en

---

1. Lawrence M. Berger, Lidia Panico et Anne Solaz, *The Impact of Center-Based Childcare Attendance on Early Child Development : Evidence from the French Elfe Cohort*, Ined, 2020.

2. Propos tenus à l'occasion du Printemps de la petite enfance, 20 mars 2023.

3. Le prénom a été modifié.

bordure du quartier de Montmartre dans le 18e arrondissement de Paris. Nous la rencontrons à la fin de notre enquête dans une brasserie au pied de chez elle. C'est une femme brune et élégante, dans la petite trentaine. Au moment où nous nous parlons, ses deux filles sont encore accueillies dans une crèche People and Baby, et elle préfère pour des raisons évidentes que son nom n'apparaisse pas.

Cette crèche est un établissement situé au calme, sur la butte Montmartre, à deux pas du Sacré-Cœur, dans une petite rue pavée bordée par endroits de maisonnettes. Seuls les touristes en balade viennent parfois troubler la quiétude des lieux. Par le passé, l'endroit, géré par Babilou, a même abrité des enfants de personnalités de la chanson, du cinéma, qui vivent dans les alentours. Son histoire est particulière. Pendant l'été 2022, peu de temps après le drame de Lyon, cette structure a été reprise en DSP par l'entreprise People and Baby. Séverine avait commencé à fréquenter l'établissement un an auparavant, sous l'ère Babilou, avec son premier enfant, aujourd'hui âgé de deux ans et demi.

Pour cette mère comme pour son enfant, le moment de la séparation, le matin, est vite devenu difficile.

« Elle pleurait à s'en faire vomir. Elle ne parvenait pas à se calmer. C'étaient des crises sans fin. Mon compagnon et moi, on ne comprenait pas et on pensait qu'elle ne s'adaptait pas à la collectivité, raconte cette mère. Un jour, un photographe est venu dans la crèche pour prendre les enfants. Sur la photo, ma fille avait l'air si triste, ses yeux étaient tout rouges. C'était très dur de la voir comme ça, tout le temps[1]. »

Désemparée, Séverine se remet alors en question, interroge ses propres angoisses, son enfance. Elle culpabilise et finit par se confier à la directrice de la crèche.

« Ma première fille était née pendant le Covid et à ce moment-là, mon compagnon s'est retrouvé sans emploi. J'ai dû retourner travailler plus tôt que ce que j'aurais souhaité, aux quatre mois de ma fille. Dans notre couple, c'est donc le père qui s'est beaucoup plus occupé de notre fille pendant les premiers mois. Elle demandait sans arrêt les bras de son père, ce qui n'était pas évident à vivre pour moi. Je le vivais mal. Je me disais que toutes ces crises étaient peut-être liées à moi. »

Très vite, les professionnelles de la crèche rejettent la responsabilité des pleurs du bébé sur les épaules de Séverine. Elles lui font comprendre qu'elle est sans doute trop angoissée, n'adopte pas un comportement assez sécurisant vis-à-vis sa fille. Mais la même scène se répète tous les matins, semaine après semaine. « Au bout d'un moment, quand on arrivait le matin, ma fille détournait la tête quand elle voyait la directrice. Cela me gênait,

1. Entretien avec l'une des autrices, 30 mars 2023.

j'en arrivais à me demander si ma fille n'avait pas elle-même un problème avec les autres, avec la collectivité », soupire la jeune femme.

Séverine accouche alors d'un deuxième enfant, une petite fille, qui, elle aussi, est vite gardée dans la même crèche. Et le scénario se reproduit. « Pourtant, ma deuxième fille, tout bébé, avait un tempérament différent de mon aînée, elle est très souriante, passe de bras en bras sans problème. C'est un petit soleil », raconte Séverine. Mais la cadette aussi, au fil des jours, finit par pleurer en arrivant à la crèche le matin, ce qui redouble les soupçons de sa mère.

Les mois passent et la fille aînée de Séverine se met à prononcer ses premiers mots. Or, l'un de ceux dont elle se sert pour décrire sa crèche, est « méchant ». Quelque temps plus tard, en discutant avec une jeune salariée démissionnaire de cet établissement, Séverine apprend les actes de maltraitance dont a été victime sa fille aînée. Dans ces lieux, lui raconte-t-on, lorsque les bébés pleuraient, les salariées avaient pour habitude de les enfermer, seuls, dans le dortoir à l'étage pour qu'ils se calment. La directrice était au courant de ces méthodes. « Le mot de "maltraitance" a été posé par les psychiatres que j'ai consultés », explique Séverine, qui en a encore les larmes aux yeux en nous en parlant. La définition de la maltraitance a été inscrite dans le code de l'action sociale et des familles par la loi du 7 février 2022 et elle nous semble éclairante : « La maltraitance vise toute personne en situation de vulnérabilité lorsqu'un geste, une parole, une action ou un défaut d'action compromet ou porte atteinte à son développement, à ses droits, à ses besoins fondamentaux ou à sa santé et que cette atteinte intervient dans une relation de confiance, de dépendance, de soin ou d'accompagnement. Les situations de maltraitance peuvent être ponctuelles ou durables, intentionnelles ou non.» Dans la crèche de Séverine, la situation a perduré. Chez Babilou, on reconnaît que «l'enquête de satisfaction menée annuellement auprès des parents faisait remonter en 2020 certains mécontentements» sans pour autant faire apparaître des «cas de mauvais traitement». Séverine, elle, donne sa version des faits :

«Dans cette crèche, il y avait une poignée d'enfants dont faisait partie ma fille qui était des têtes de Turc. Des enfants jugés "difficiles" qui étaient délaissés, poursuit-elle. J'ai appris ça un été, deux semaines avant notre départ en vacances. Sur le conseil de ma thérapeute, j'ai retiré immédiatement mes deux enfants, la petite et la grande, de cette crèche Babilou. Cela devenait urgent.»

Ce retrait sera provisoire. Car dans la foulée, cet été-là, le gestionnaire de la crèche change. L'équipe est remplacée. «Nous étions conscients lors du changement de direction de cette crèche de l'insatisfaction des parents», reconnaît l'entreprise Babilou. Mais ces derniers sont aussi inquiets du changement de gestionnaire et de l'arrivée de

People and Baby, en plein été 2022, soit quelques semaines après la révélation du drame de la place Danton, à Lyon. Les services de la PMI se sont mobilisés. Séverine est alors rassurée par l'intervention des pouvoirs publics, elle décide de faire confiance à la toute nouvelle équipe et fait alors le choix d'y remettre ses filles.

On pourrait retenir de cette histoire qu'il est impératif, en tant que parent, d'être attentif à certains signaux, écouter les émotions exprimées par son enfant. Mais la tâche s'avère parfois ardue, et trompeuse. Héloïse Junier, psychologue et formatrice petite enfance, rappelle justement qu'il ne faut pas toujours se fier aux « marqueurs visibles exogènes[1] ». En d'autres termes, ce n'est pas parce qu'un enfant pleure qu'il est le plus malheureux de la terre. Un enfant mutique ou un enfant éteint, même s'il n'exprime pas son mal-être, pourrait aller plus mal que celui qui pleure.

L'enfant stressé, par exemple, ne va pas forcément être démonstratif. Tout dépendra de son caractère, de son humeur ce jour-là, de sa propre réaction face à ce stress accumulé. « Il peut avoir l'air d'aller bien sans aller bien. Un enfant stressé, ça ne se voit pas à l'œil nu. De toute façon, ça ne saute pas aux yeux de savoir dans quel état émotionnel est l'enfant. Il faut se méfier du ressenti de l'adulte qui n'est pas toujours objectif, explique

1. Propos tenus à l'occasion du Printemps de la petite enfance organisé au ministère de la Santé, 20 mars 2023.

ainsi Josette Serres, docteure en psychologie du développement au CNRS. C'est très difficile de savoir si les enfants vont bien, car il s'agit de deviner ce qui se passe dans leur tête.»

Lors de notre rencontre, la psychologue et membre de l'Anapsy, Hélène Ledieu, a aussi très bien décrit ces comportements qui peuvent varier d'un enfant à l'autre :

«Il n'y a pas une façon de réagir pour les enfants, cela se fait en fonction aussi de leur propre histoire[1], explique-t-elle. Certains sont dans quelque chose d'inhibé, de discret, ils se font oublier facilement. Il y a des enfants qui vont être très bruyants et qui vont tout le temps chercher l'adulte. D'autres qui vont être dans une colère plus forte, qui vont réagir de manière exagérée, qui vont avoir des comportements d'agressivité [...]. Il peut y avoir des enfants qui vont avoir des troubles du sommeil, qui se maintiennent dans un état de vigilance permanente, qui ne peuvent pas se laisser aller au sommeil. C'est une hypervigilance anxieuse. D'autres vont être très dispersés, vont cesser de manger. On peut le repérer aussi au moment des séparations du matin», poursuit Hélène Ledieu. L'une de ses collègues, elle aussi membre de l'Anapsy, renchérit : «Il va y avoir des enfants qui sont comme blancs ou figés, qui n'expriment rien, des enfants en veille, comme en pause.»

1. Entretien avec l'une des autrices, 20 mars 2023.

Nous l'avons déjà expliqué précédemment : l'enfant fonctionne par mimétisme et il est très sensible à son environnement. Il ne peut donc pas aller bien tout seul, son bien-être est relatif à celui des autres. « Son état de stress va dépendre vraiment de l'équipe et du lieu en tant que tel, de la disponibilité de l'adulte », nous éclaire Héloïse Junier. En cela, l'attention qui lui est portée par l'adulte est primordiale. Or, avec la baisse du taux d'encadrement dans les crèches, les rythmes effrénés imposés aux professionnels, le *turn-over*, l'état de stress des petits ne peut que se trouver amplifié. C'est le principe des vases communicants : le mal-être des professionnelles trouve son origine dans le mal-être des enfants et inversement. Les deux s'alimentent.

Les auxiliaires de puériculture en sont bien conscientes lorsqu'elles se retrouvent en poste. À chaque instant, elles mesurent l'écart entre les cours qu'elles ont reçus à l'école pendant leur formation et la réalité du terrain :

« Certaines pratiques ne sont pas bien traitantes dans les crèches. Quand le bébé pleure et que vous le laissez pleurer pendant trois quarts d'heure dans le dortoir parce que vous devez vous occuper des autres et que lui, il aurait bien besoin d'un peu d'aide pour s'endormir mais que vous ne pouvez pas… C'est difficile. Ce n'est pas normal. Quelqu'un qui fait ça à mon enfant, moi je dis non ! témoigne Sidonie, ancienne salariée de LPCR à Aix-en-Provence. […] Il y en a qui arrivent à crier sur les bébés, à ne plus en avoir rien à faire, qui en viennent à devenir maltraitantes. »

Peu considérés, les enfants réagissent comme ils peuvent. C'est le cercle vicieux : « Il y a des enfants qui se blessent, il y en a d'autres qui mordent, ceux qui ne sont pas en sécurité affective, certains pleurent toute la journée », s'émeut Sidonie, qui a quitté le secteur privé marchand pour intégrer une crèche associative où elle se sent plus en accord avec elle-même. Pour s'épanouir, l'enfant a donc besoin du temps de l'adulte, et pas n'importe lequel : « Ils ont besoin de temps individuel, c'est absolument nécessaire. Quand les pros s'aperçoivent qu'elles sont sur un mode opératoire – on fait les tâches, on les enchaîne, on ne pense plus –, c'est un signal. Au niveau de l'organisation du travail, il y a quelque chose à réfléchir », déplore la psychologue de crèches Hélène Ledien, elle-même témoin des évolutions en cours dans le secteur.

Le problème puise aussi sans doute ses origines dans l'histoire même du développement des crèches en France. Créées au milieu du XIXe siècle, à Paris, prévues pour faire reculer la mortalité infantile chez les enfants d'ouvriers, elles ont été conçues avant tout pour protéger l'enfant des maladies. C'est d'ailleurs pour cette raison, nous l'avons déjà souligné, que des infirmières puéricultrices sont d'abord placées à la tête de ces structures. Elles y sont restées. Or, les recherches scientifiques sur le jeune enfant ont bien avancé depuis 1844. L'image du nourrisson, « simple tube digestif, rassasié, comblé, bercé, endormi, insensible à la douleur et vide de connaissances», comme l'indique l'Igas dans un récent rapport qui revient notamment sur l'histoire des crèches, n'a plus lieu d'être. On sait désormais qu'il est un sujet, «doté d'une large sensibilité, capable de souffrir et de mémoriser la douleur corporelle, voire psychique[1]», rappelle aussi l'Igas.

Lorsque nous avons rencontré dans son cabinet à Paris (9e) la psychanalyste Sylviane Giampino, par ailleurs présidente du conseil de l'enfance au HCFEA, elle nous a confirmé qu'elle aussi tirait la sonnette d'alarme depuis des années sur les conséquences induites par la dégradation de la qualité d'accueil. Sans grand succès. «Il y a un coût humain, social et économique lorsque les enfants ne sont pas confiés à des structures de qualité[2]», martèle cette spécialiste du sujet. Depuis des années, au gré des différents gouvernements de droite et de gauche, textes et rapports se sont empilés pour tenter de cerner où en étaient les enfants, quels étaient leurs besoins essentiels pendant leur jeune âge. «Depuis 2020, la Charte d'accueil du jeune enfant fait office de loi. Les familles peuvent s'appuyer sur ce texte pour revendiquer que l'on s'occupe correctement de leurs enfants», fait savoir Sylviane Giampino.

---

1. Rapport «Qualité de l'accueil et prévention de la maltraitance dans les crèches», Igas, mars 2023.
2. Entretien avec l'une des autrices, 15 février 2023.

Dans son rapport de 2016 sur le développement du jeune enfant, la psychologue et psychanalyste le soulignait d'ailleurs : «Dans le développement de l'enfant, la construction de l'extérieur précède celle du monde intérieur. C'est à partir du lien à l'autre que se dessine le soi.» Sylviane Giampino pointe l'importance de l'environnement et du climat général dans lesquels baigne l'enfant : «Le jeune enfant est capable très tôt, dans des conditions précises, d'attachements multiples et différenciés en fonction des statuts, des rôles et de la qualité de ce qu'on lui propose pour se développer et s'épanouir [...]. Plus un enfant est petit, plus il est un guetteur, capteur fulgurant de l'état interne de ceux qui l'entourent et du climat relationnel de ses environnements de vie.» Cela revient à cette expression, très souvent entendue et utilisée dans le langage courant : «Les enfants sont des éponges.»

Qu'est devenu le rapport de Sylviane Giampino ? Que deviennent ces centaines et ces centaines de pages noircies par les experts de la petite enfance ? Les gouvernements se succèdent. Lorsqu'ils arrivent, ils commandent des travaux, organisent des conférences de presse où ils convient les journalistes puis ces nouveaux rapports finissent par prendre la poussière dans les tiroirs des ministères avant d'être recouverts par d'autres.

En 2019, trois ans après le rapport de Sylviane Giampino, le nouveau secrétaire d'État en charge de la famille, Adrien Taquet, confiait une mission au neuropsychiatre Boris Cyrulnik. Intitulée

«Les 1000 premiers jours», celle-ci a été finalisée en septembre 2020. Dans le quatrième et le cinquième chapitre, ce nouveau rapport évoque les modes d'accueil et leur qualité. Et il annonce d'emblée : «La qualité des modes d'accueil est un enjeu majeur pour le développement socio-émotionnel, psychomoteur et cognitif de l'enfant ainsi que la lutte contre les inégalités sociales.» Il y dresse aussi ce constat : «Les études portant sur l'évaluation de la qualité des modes d'accueil demeurent très rares en France.» Il signale pourtant que «la notion de qualité commence à être réellement abordée». Et le rapport de Boris Cyrulnik de se référer… à celui de Sylviane Giampino. Tout a donc été couché sur le papier, expliqué. Tout est écrit, réécrit.

À la fin de notre enquête, un nouveau rapport de l'Igas, particulièrement accablant pour le secteur, a été rendu public. Celui-ci avait été commandé par le secrétaire d'État à la famille Jean-Christophe Combe quelques jours après le drame de la place Danton, à Lyon. Il a suscité une grande émotion car il revient longuement sur les risques et la réalité des situations de maltraitance dans les crèches en France. Jamais le sujet n'avait été abordé de manière si frontale. «La maltraitance en institution reste en grande partie un impensé pour les parents comme pour les responsables», relèvent les auteurs du rapport avant de retranscrire précisément, sur cinq pages, une partie des 2000 témoignages de professionnelles recueillis à l'occasion d'un questionnaire en ligne. Certes, ces paroles sont anonymes et évoquent parfois des situations anciennes. Mais il est difficile de rester insensible devant la cruauté décrite par nombre d'entre elles, faisant état de scènes d'humiliation verbale, physique, de «forçage alimentaire» ou encore d'«absence de réponse aux pleurs» des petits. Décrites pour la plupart à l'infinitif, ces maltraitances n'en sont que plus glaçantes, litanie effrayante de ce que peut produire de pire le secteur de la petite enfance : «Forcer un enfant à boire ou même à manger en lui pinçant le nez»; «Forcer à manger à la faire vomir, j'ai vu la directrice lui redonner son vomi»; «Forcer un enfant à manger en lui tenant la bouche de sorte à faire une ouverture pour y introduire la cuillère», «Aligner les enfants assis contre un mur pour avoir le silence, les punir au coin»; «Mettre des grands dans un lit à barreaux, "la prison des bébés", quand ils ont fait une bêtise, laisser pleurer un enfant et le coincer dans un coin pour également le punir»; «Collègues donnant des surnoms désobligeants à certains enfants : la grosse, le mal fagoté, le crade; enfant insulté, "Tu chouines pour rien", "Tu sens mauvais", "Tes parents sont trop riches."»

Le tableau ainsi dépeint est inquiétant. Nous nous devons néanmoins de rappeler que l'ensemble des crèches privées lucratives ne maltraitent pas les enfants. Il peut y avoir des cas de maltraitance individuelle mais ce genre de cas, comme celui auquel a été confrontée Séverine, reste rare. Au regard des témoignages que nous avons recueillis, nous pouvons même assurer que les professionnelles sont mues dans les crèches, qu'elles soient publiques, privées, associatives, par de nobles ambitions vis-à-vis des enfants. Il n'existe pas de maltraitance généralisée ni institutionnelle dans le secteur des crèches privées. En revanche, la dégradation des conditions de travail, la lassitude et le manque de reconnaissance entraînent fréquemment une baisse de motivation qui peut pousser certaines salariées à un défaut d'attention, à un manque de considération vis-à-vis de ces petits êtres vulnérables, à des comportements parfois inacceptables.

Et de ce manque de considération émergent des pratiques fréquentes qui, elles, se trouvent à la limite de la maltraitance. « Elles sont dans l'antichambre de la maltraitance », éclaire l'EJE et universitaire Christine Schuhl[1] qui a développé le concept de « douces violences », devenu très populaire dans le monde de la petite enfance. Or, d'après Christine Schuhl, toute personne en contact avec un public vulnérable peut par moments, en fonction de son rythme de travail, faire preuve de douce violence. « À partir du moment où l'on accompagne des personnes en situation de vulnérabilité, il y a des probabilités de douces violences. Cela concerne à la fois les crèches, les écoles, les hôpitaux, les Ehpad », précise-t-elle.

1. Entretien avec l'une des autrices, 26 janvier 2023.

«La douce violence n'est pas de la maltraitance. Ce n'est pas non plus de l'abus. Ce sont des instants éphémères où le professionnel n'est plus dans la relation à l'enfant. Des brefs instants où l'adulte se laisse emporter par un jugement, un *a priori*, une étiquette, un geste brusque», écrit-elle aussi dans son livre *Vivre en crèche. Remédier aux douces violences*[1]. Cela va être, à titre d'exemple : parler de ses vacances à sa collègue en lui changeant la couche, parler de lui ou de ses parents, en des termes peu favorables et à la troisième personne, ou encore se présenter avec un mouchoir devant lui, ne rien lui demander et lui moucher le nez. «En général, il y a un souci d'efficacité derrière, une cadence à respecter. Or, aujourd'hui, on est dans un rapport au temps qui n'a plus aucun sens. Certains enfants font onze heures de crèche par jour. Sur certaines journées, on peut rencontrer quatre-vingts à quatre-vingt-dix situations de douce violence. Cinq jours par semaine pendant deux ou trois ans, ce cumul de douces violences peut forcément avoir des conséquences sur l'enfant, au niveau de la confiance en lui qu'il peut développer, ou non», poursuit Christine Schuhl.

Nombreuses sont les salariées que nous avons rencontrées à nous avoir parlé spontanément de «douce violence» vis-à-vis des enfants sur leur lieu de travail. Toutes accomplissaient donc leurs tâches

1. Christine Schuhl, *Vivre en crèche. Remédier aux douces violences*, Paris, Chronique sociale, 2003.

quotidiennes à la chaîne tout en sachant qu'elles ne menaient pas à bien leur mission. De ce sentiment de travail mal fait émerge une véritable souffrance.

Parfois, comme dans le cas de Séverine, les propos tenus en public par la directrice et les salariées vont au-delà des douces violences. Cela peut prendre la forme de propos dégradants répétés, donc de harcèlement. Des fléaux qui commencent bien avant l'entrée à l'école et en dehors de toute tablette ou de tout smartphone.

« Le climat était malsain, explique Séverine. Dans la crèche de mes filles, les salariées n'arrêtaient pas de parler des enfants devant eux, parfois même de les critiquer. J'ai appris aussi que la directrice se servait des confidences que je lui avais faites à propos de notre couple pour les répéter, en les déformant devant mes filles et les salariés. Je devenais donc dans sa bouche une mère autoritaire, qui s'occupait mal de ses enfants. Un jour, j'ai aussi appris qu'elle rabaissait ma fille aînée en public. Elle lui disait : "Tout le monde dit que tu es belle mais tu n'es pas si belle, en fait ! Regarde Nora, regarde Romy, elles, elles sont belles. Plus belles que toi en tout cas !" »

Un autre sujet de discussion importait à cette directrice : les hommes qui mettaient les pieds dans la crèche, donc les pères des enfants. « La directrice commentait les pères des enfants, évoquait untel ou untel qu'elle aurait mis volontiers dans son lit. Et tout cela, devant les enfants», se désole Séverine.

Quelque temps après ces révélations, la jeune femme a eu une explication avec sa fille. «J'ai voulu lui dire à quel point je m'en voulais.» Alors la fillette l'a regardée très attentivement et lui a dit : «Maman, je vais bien», nous rapporte Séverine, très émue. Longtemps, la jeune femme y a pensé mais elle n'a jamais porté plainte contre la directrice de cette crèche. Cette encadrante a depuis quitté le secteur de la petite enfance pour celui du marketing.

8

Des paillettes, encore des paillettes

À voir la girafe géante qui déambule ce matin-là, micro à la main, dans l'amphithéâtre au rez-de-chaussée du ministère de la Santé à Paris (7e), on se demande quelques instants si on ne s'est pas trompées d'adresse. Alors que cette salle accueille d'ordinaire de sérieuses conférences, on se croirait soudain dans un parc d'attractions du genre de Disneyland Paris. Pourtant, seuls des adultes, en très grande majorité des femmes encore une fois, sont assis dans les gradins. Est-ce parce que cette journée est dédiée à la petite enfance que les codes utilisés sont enfantins ?

Dans le monde de la petite enfance, les jours de fête sont rares et celui-ci en est un. Nous voilà aux traditionnels Girafe Awards, les « oscars de la girafe », sorte de grand raout annuel organisé par l'association Agir pour la petite enfance qui récompense les pratiques les plus créatives et innovantes des professionnelles de crèches. Une sorte de grande vitrine de ce qui se fait de mieux, dans notre pays, en faveur de l'éveil des tout-petits. À noter que les récompenses sont attribuées sur la base des dossiers de candidature envoyés par les professionnelles elles-mêmes.

Nous sommes le 24 octobre 2022 et deux semaines plus tôt, ces mêmes professionnelles étaient descendues en masse dans la rue pour défendre leurs conditions de travail. D'après Birgit Hilpert, du collectif Pas de bébés à la consigne, c'était le plus grand mouvement de protestation jamais organisé dans notre pays dans le secteur, les cortèges recensés ont concerné de nombreuses villes, petites et moyennes. C'est inédit. Aujourd'hui, de toute façon, il s'agit de mettre de côté les sujets qui fâchent. L'heure est à la fête, l'heure est aux « (re)trouvailles », le thème choisi cette année par les Girafe Awards. Un sujet de circonstance au regard de la période de crise sanitaire que chacun vient de traverser.

Parmi les partenaires officiels de l'événement, figurent en bonne place le groupe Grandir-Les Petits Chaperons rouges, premier en France, dont le logo apparaît sur tous les documents et à de nombreux endroits dans la salle, mais aussi la Fédération française des entreprises de crèches (FFEC), le syndicat du secteur qui rassemble environ 2 300 structures privées.

Derrière le pupitre, officie Mélina Dutriévoz-Boyer, multi-lauréate de ce concours, EJE et par ailleurs ancienne directrice d'une micro-crèche appartenant au réseau du groupe Babilou. Cette année, et depuis 2017, elle est aussi présidente du jury. « Nous avons été très heureux de recevoir des dossiers de tous les coins de France. C'est une belle satisfaction de savoir que notre événement rayonne sur tout le territoire, se félicite au micro la jeune femme, dans sa robe rouge. Je vous dis à tout à l'heure pour retrouver sur cette scène un magnifique panel de girafes bien méritantes ! » lance-t-elle enfin. Pendant plusieurs heures, les « girafes » monteront donc sur scène, sourire aux lèvres, pour récupérer leur trophée et auront l'honneur de poser devant le photographe. Quelques minutes de gloire arrachées à de bien fatigantes journées de travail.

À la tribune se présente également le directeur général des crèches Babilou mais aussi représentant de la FFEC, Vincent Bulan, qui vient remettre les trophées régionaux. Pendant quelques minutes, il tient son auditoire en énumérant les bonnes pratiques de son entreprise, « la plus belle des entreprises de crèches en France », proclame-t-il. Décidément, le secteur privé a beau ne représenter qu'environ 20 % des places en France, il est particulièrement visible en ce jour de fête, sur la scène de l'amphithéâtre du ministère de la Santé.

Comment l'expliquer ? Il faut préciser que, contrairement au secteur associatif ou encore aux crèches municipales, les entreprises de crèches consacrent une partie de leur budget à la communication et à la mise en avant de leurs pratiques. Utilisées pour se différencier de leurs concurrents, les innovations y sont valorisées, relayées à grand renfort de sigles, d'allégations. Une émulation qui est souvent positive pour les équipes.

« Il y a des aspects assez dynamisants et intéressants dans les crèches privées comme la possibilité, souvent rapide, de dégager un budget pour organiser une journée sur une thématique donnée. Ça crée une dynamique, c'est motivant pour les équipes, les parents et les enfants », complimente ainsi Hélène Ledien, psychologue et membre de l'Anapsy. Le secteur public, avec ses lourdeurs administratives, ne se saisit parfois pas rapidement de certaines possibilités. « Dans le public, il y a un processus administratif très complexe, parfois nécessaire pour la pensée, mais qui peut créer une certaine inertie, ce qui rend difficile la mise en place d'actions comme le voudraient les éducatrices. Dans le privé, on se saisit aussi assez facilement des nouvelles technologies », reconnaît également la psychologue de l'Anapsy.

Au cours des dernières années, certaines entreprises comme People and Baby sont allées très loin dans l'innovation technologique[1], glanant des idées au salon de l'électronique grand public, le Consumer Electronics Show (CES) de Las Vegas. Elles ont annoncé aux journalistes le lancement test de « berceaux perfectionnés qui détectent par des capteurs les mouvements et les pleurs des nourrissons

---

1. « Les crèches privées en plein (baby) boom », AFP, 1er mars 2018.

pour se balancer automatiquement» ou bien de «bodys connectés à une application permettant de mesurer la respiration, la position ou encore la température de l'enfant». Certaines de ces crèches, notamment une qui est située dans le quartier du Marais à Paris, ont aussi expérimenté un «robot aspirateur qui joue et chante avec les enfants», des «tétines connectées qui prennent la température et transmettent des données sur le smartphone des puéricultrices» ou encore des «vidéoprojecteurs qui projettent des ambiances comme des aquariums animés sur les murs». Ces dernières années, l'entreprise fondée par Christophe Durieux et Odile Broglin investit aussi dans les établissements bilingues et encourage son personnel à se former. Ainsi, 200 crèches, sur les 700 que compte le groupe, seraient désormais bilingues : «Nous avons la volonté de développer les crèches bilingues depuis plusieurs années ainsi que des sections internationales», assure-t-on du côté de People and Baby.

D'autres pratiques se développent ces derniers temps, comme le qi gong, le yoga ou encore la sophrologie pour les tout-petits. Interrogé par un journaliste à ce sujet, en 2018, le président fondateur de La Maison bleue, Sylvain Forestier, racontait ainsi qu'il s'agissait d'«allonger [les enfants] sur le dos, doudou sur le ventre, et de leur faire lever le doudou vers le ciel». Difficile de ne pas sourire à l'évocation de ce tableau.

Mais ces expérimentations ont le mérite d'exister, les parents le reconnaissent également. Séverine, cette mère parisienne, par ailleurs très insatisfaite de la crèche de la rue Gabrielle dans le quartier de Montmartre, reprise par People and Baby, parvient à faire la part des choses : « Ils adorent vendre des activités aux parents pour soigner leur image. Le bon côté de tout ça, c'est qu'ils organisent aussi des tas de choses pour les petits. Tous les jeudis, par exemple, il y a des cours de yoga. Les enfants sortent aussi davantage, ils sont tournés vers l'extérieur, avec des balades dans les squares des alentours, je trouve ça bien[1], souligne-t-elle, sans être tout à fait dupe : Il n'empêche que parfois, on se demande s'ils n'organisent pas tout ça plus pour les parents que pour les enfants. Ce qui est symptomatique, c'est la décoration intérieure de la crèche. Quand ils ont remporté la DSP, pendant l'été 2022, ils ont fait table rase, ils ont changé la déco. Avant, sur les murs, il y avait les dessins des enfants, les peintures. Ce n'était pas forcément beau mais ça avait du sens. C'était pour rendre fiers les petits, valoriser leurs activités. Dès que People and Baby a repris, ils ont mis de l'osier partout, des teintes pastel. Les dessins, eux, ont disparu. C'était comme si la déco devait davantage plaire aux parents qu'aux enfants ».

Reste que pour les entreprises du secteur privé marchand, les innovations, qu'elles soient pédagogiques, ou technologiques, sont un véritable

1. Entretien avec l'une des autrices, 30 mars 2023.

enjeu stratégique. Dans le premier baromètre économique de la petite enfance commandé par la FFEC en 2019, il en est plusieurs fois question. «Pour continuer à se développer, le secteur doit adresser plusieurs enjeux stratégiques [...]. Les entrepreneurs investissent dans le développement de projets pédagogiques innovants», peut-on y lire dès la page 9. «Les entreprises de crèche se différencient parfois par des projets pédagogiques innovants et engagés», lit-on quelques pages plus loin, en écho.

Nombreux sont donc aujourd'hui les EAJE à mettre en avant des activités très séduisantes pour les parents, fiers de savoir que leur progéniture apprendra la langue des signes, s'exercera au jardinage, pourra bénéficier de cours d'anglais dès sa première année de vie dans une crèche dite bilingue, ou encore apprendra les formes et les couleurs grâce à la pédagogie Montessori.

La méthode de la célèbre pédagogue et femme médecin italienne Maria Montessori, très en vogue en France ces dernières années et populaire chez certains parents, est une parfaite illustration de l'écart qui peut exister entre la promesse de l'établissement, alléchante sur le papier, et les pratiques du terrain. Ces dernières années, des réseaux comme La Maison bleue ou encore People and Baby se targuent de mettre en place des «ateliers Montessori» ou même d'être des «crèches Montessori».

La Maison bleue prétend ainsi avoir lancé un vaste réseau de «micro-crèches Montessori» et distribue un livret d'accueil aux parents où la célèbre pédagogue italienne est citée en long et en large. On y lit notamment cette phrase : « L'enfant a un esprit capable d'absorber la connaissance. Il a le pouvoir de s'instruire tout seul. » Le matériel « Montessori », bien spécifique, est aussi présenté dans ce même livret.

Mais la riposte se prépare. Ces derniers mois, les associations Montessori officielles – affiliées à la célèbre Association Montessori internationale (AMI), fondée par Maria Montessori elle-même – comme l'Association Montessori de France (AMF) ou encore l'Institut supérieur Maria-Montessori (ISMM) ont mis leur nez dans ce marché en plein essor. L'utilisation du nom de la célèbre Italienne les a agacées à tel point qu'elles ont décidé de lancer un grand ménage dans le secteur de la petite enfance. « Montessori est devenu un nom commun comme un autre. Tout le monde l'utilise, comme les crèches, les marques... Nous souhaitons rehausser le niveau d'exigence en lançant un label », nous a ainsi expliqué Julien Mendez, le directeur général de l'ISMM, le seul organisme français agréé par l'AMI à pouvoir former des éducateurs et éducatrices Montessori. L'un des problèmes vient du fait qu'au début du XXe siècle, Maria Montessori, qui était à mille lieues d'imaginer l'engouement que susciterait son patronyme plus tard, n'a pas protégé son nom, n'a déposé aucune marque. Aujourd'hui, toutes les entreprises peuvent l'utiliser à leur guise.

L'ISMM qui s'apprête, courant 2023, à lancer son propre réseau de crèches, Bambini Montessori, a fait le tour des centaines de crèches dites «Montessori» qui ont pullulé en France ces dernières années. Le constat est formel : «Une poignée d'entre elles seulement respecte consciencieusement le cahier des charges», tacle Julien Mendez.

Pour se targuer d'appliquer la fameuse méthode, le premier impératif est d'avoir reçu une formation adéquate à l'ISMM qui dure en moyenne quatre cent cinquante heures. Il convient également d'avoir le temps et les moyens, en tant que professionnel, pour l'appliquer au quotidien. Il est aussi nécessaire d'aménager l'espace de manière particulière et de disposer d'un matériel spécifique, plutôt coloré, fabriqué en bois.

Quand on approfondit le sujet et qu'on demande à une entreprise comme La Maison bleue des précisions sur la formation Montessori dispensée à ses professionnels, la réponse se fait sur la défensive : «Nous avons le droit d'utiliser le mot "Montessori" car en France il n'est pas déposé, contrairement à la Suisse», nous précise-t-on en préambule.

«Nos professionnels sont formés aux fondamentaux de la pédagogie montessorienne», poursuit l'entreprise qui assure avoir formé plus de 500 professionnels. On comprendra par «fondamentaux» de grandes lignes, résumées succinctement en quelques heures, que l'entreprise n'a pas tenu à nous détailler. Les parents, eux, n'y voient que du feu, du moins la majorité d'entre eux car la plupart sont déjà bien contents de disposer d'une solution de garde pour leur enfant. Nous sommes ainsi allées à la rencontre de ceux dont les petits sont accueillis dans une de ces « micro-crèches Montessori » de La Maison bleue à Paris (11e) et leurs témoignages illustrent l'étendue de la méconnaissance du grand public sur le sujet. « Sincèrement, Montessori, je ne sais pas trop ce que c'est ! reconnaît cette maman d'une petite fille d'un an, qui fréquente une micro-crèche Montessori dans le quartier de Saint-Ambroise, à Paris (11e). Ici, j'ai l'impression qu'ils mettent tous les jouets sur un tapis au milieu et c'est à l'enfant de venir se servir tout seul, c'est lui qui choisit », tente-t-elle de décrire.

Pourtant, certaines familles, plus critiques et suspicieuses, se tournent désormais vers les associations officielles pour tenter de vérifier les allégations des groupes en question. « Les parents sont de plus en plus nombreux à nous appeler pour nous poser des questions, explique ainsi Nadia Hamidi, présidente de l'association Montessori de France. Je leur explique notre méthode sans juger les autres, ils comprennent par eux-mêmes ce qui ne va pas. Je leur dis aussi qu'ils sont en droit de demander très précisément au personnel des crèches des précisions sur leur diplôme. Ils laissent leur enfant toute la journée là-bas, ils ont ce droit ! », martèle-t-elle, un poil agacée par la tournure que prend la situation.

L'écart est donc parfois très important entre le discours et la réalité. Or, les parents ne le comprennent que bien plus tard, après que leur enfant a passé déjà des journées entières, voire des semaines au sein de la structure. C'est ce qui est arrivé à Gregory R., père de famille à Paris, près du parc Monceau dans le 17e arrondissement, qui a dû se résoudre, au printemps et pendant une partie de l'été, en 2022, à mettre son fils dans une micro-crèche People and Baby, faute d'avoir obtenu une place dans une crèche municipale près de son domicile.

«On était censés avoir une crèche bilingue, des intervenants extérieurs, des cours de musique. On était même censés avoir une application Crèche Connect remplie par les professionnelles. Tous les soirs, nous devions recevoir une notification avec le contenu de la journée de notre enfant. Nous n'avons rien eu de tout ça. On nous a dit qu'elle fonctionnait mal, qu'il y avait un bug», soupire-t-il.

L'été 2022 restera célèbre, à Météo-France et ailleurs, pour ses différents épisodes de canicule, y compris en Île-de-France, ainsi que pour la sécheresse exceptionnelle qui s'est abattue sur le pays. Heureusement, la micro-crèche «bilingue» où était placé l'enfant de Gregory R. disposait par ailleurs d'un système de climatisation. Mais celle-ci s'est avérée capricieuse. «Il y a eu des périodes de trois semaines, en pleine canicule, où la clim est tombée en panne. Ils ont attendu vraiment longtemps pour la réparer alors que les journées étaient extrêmement chaudes. En fait, tant que les parents ne râlaient pas, il ne se passait rien», déplore encore ce père. People and Baby se défend en expliquant qu'« aucune réglementation n'impose d'installer un service de climatisation au sein des crèches », avant de préciser : « Notre réseau permet en plus, en cas de panne en pleine canicule, de proposer ponctuellement des crèches alternatives à proximité. » Le fils de Gregory R. n'a pas obtenu de place dans une crèche alternative. En revanche, à l'automne suivant, son père a réussi à avoir une place en crèche municipale pour son enfant et a abandonné de bon cœur cette micro-crèche et ses promesses commerciales mirobolantes.

Certaines directrices de crèche et salariées, également, nous ont fait part de leurs problèmes de conscience, à devoir au quotidien se fondre dans ces pratiques et relayer des discours marketing qu'elles ne cautionnaient pas elles-mêmes.

« On nous demandait de mettre plein de trucs en place, comme des ateliers d'anglais. Bref, on envoyait des paillettes mais derrière, on n'avait aucun moyen financier pour le mettre en œuvre, se rappelle cette ancienne directrice de crèche à Levallois-Perret (Hauts-de-Seine). J'étais contente les deux premières années, mais à partir du moment où on a eu de gros clients, des entreprises, cette crèche n'est devenue qu'une *cash machine* et l'image qu'on envoyait aux parents était de plus en plus importante. On vous propose ceci, on vous propose ça, des ateliers Montessori, des intervenants musicaux, des ateliers parents, ou encore un accompagnement individualisé de l'enfant sauf que tout cela, ce n'est pas vrai. »

Lorsque cette directrice était en poste, la direction a tenté d'introduire une nouvelle tâche quotidienne pour les salariées : alimenter une application destinée aux parents pour leur permettre, jour après jour, d'avoir des photos de leur enfant et des précisions sur le programme de la journée.

« Ce sont des trucs qui prennent du temps aux professionnels, qui sont destinés aux parents mais pas du tout dirigés vers les enfants, remarque encore l'ancienne directrice de Levallois-Perret. Quand j'étais à la tête de cette crèche, une réunion avait été consacrée à ces nouvelles tablettes. On leur avait dit [aux représentants de la direction] que ça allait nous prendre trop de temps. On a toutes fait des bonds en leur demandant : mais où va-t-on trouver le temps de faire ça ? »

Mais les discours marketing de ces crèches font long feu. En fonction des endroits, le vernis se craquelle, et les mois passant, en déposant le matin ou en venant récupérer le soir leur enfant, les parents constatent les dysfonctionnements et sont de moins en moins dupes. Au cours de notre enquête, nous en avons rencontré des dizaines qui nous ont fait part de leur mauvaise expérience, leurs doléances, évoquant, dans le meilleur des cas, des équipes pressurées, des séries de négligences, la médiocrité ordinaire du service rendu. Rares étaient les familles qui étaient vraiment satisfaites même si, il faut le reconnaître, celles-ci existent également.

Pour les autres, les problèmes avaient beau être constatés, elles n'avaient que peu de marge de manœuvre pour les régler et changer leur enfant de place. Car pour elles, la plupart du temps, la crèche privée n'était pas un vrai choix mais une option par défaut.

« Quand j'ai trouvé une place pour ma fille, je me suis sentie libérée », nous a ainsi confié Aurélie, une mère qui habite non loin du quartier de l'Opéra, à Paris (9e). Elle avait donc trouvé un berceau à la crèche multi-accueil du groupe LPCR située près de chez elle. Dès le premier rendez-vous, cette femme avoue ne pas s'être sentie très en confiance. Les jours passant, entre la très mauvaise ambiance qu'elle ressentait dans l'établissement, les hurlements intempestifs des bébés – qui semblaient n'entraîner aucune intervention des adultes présents – et les critiques incessantes des salariées les unes envers les autres, le malaise d'Aurélie a redoublé.

La jeune mère nous raconte qu'elle partait le matin « le cœur noué ». Un jour, lasse et résolue à améliorer la situation, elle finit par faire part de ses craintes et de ses doutes aux auxiliaires de puériculture qui s'occupent de sa fille. Mais avec les salariées, la communication se tend.

« On me disait souvent que j'étais beaucoup trop inquiète, que ça les ennuyait. Ce n'était pas agréable, déjà, de me sentir jugée de la sorte. Mais à la fin, elles ont fini par ne plus me raconter comment se passait la journée de ma fille. Le soir, je quémandais des informations, sans succès», se souvient Aurélie. La situation vire à l'absurde, la jeune maman se sent rabaissée. Avec le recul, elle analyse dans quelle position elle s'est retrouvée :

«Dans cette crèche, les salariées renversaient complètement l'équilibre. J'étais censée recevoir un service mais c'était elles qui avaient pris le pouvoir. En France, malheureusement, il n'existe pas de référentiel commun sur les crèches. Les parents se disent déjà contents lorsqu'ils ont une place. Alors ils subissent, ils s'en contentent et ils n'ont le droit que de se taire.»

Ce rôle qui leur est dévolu est bien souvent intenable.

9

Les parents, les désarmés du babyzness

Leurs passages y sont furtifs. Quelques minutes le matin, à peine davantage en soirée. Dans les crèches, les parents s'invitent à l'entrée pour déposer ou venir chercher leur progéniture. Visiteurs impromptus, témoins malgré eux de l'ambiance au sein de la structure à un instant donné, ils jettent parfois un coup d'œil sur le menu de la journée, s'enquièrent des activités à venir, font part d'une insomnie passagère, évoquent des maux de ventre ou un prochain départ en vacances. Mais ils ne font que passer, une dizaine de minutes par jour au maximum, à l'occasion des « transmissions ». C'est ainsi que l'on nomme ces courts temps d'échange entre parents et professionnels qui servent de relais entre la crèche et la maison. Les « conseils de parents » rassemblant des représentants des familles, des élus et des professionnels mis en place dans certaines villes ces dernières années comme à Paris existent dans « moins d'un quart des établissements[1] », relève l'Igas dans son dernier rapport, et en grande majorité dans les structures publiques.

Leur rôle, leur bonne communication avec les équipes en place, mais aussi leur avis sur la structure sont pourtant essentiels. Le célèbre pédiatre et psychanalyste Donald Winnicott le disait très bien : « Un enfant seul n'existe pas. » Au risque d'enfoncer une porte ouverte, on le rappelle : ce n'est pas l'enfant qui fera le choix de venir dans telle ou telle crèche. Ce choix sera toujours celui de ses parents.

Les principales entreprises de crèche ne s'y trompent pas, elles qui, dans leurs dépliants officiels et sur leur site Internet mettent en avant l'étendue des activités mises en œuvre de façon à laisser une place, une vraie, aux parents dans leurs crèches. Une fois de plus, la surenchère y est de mise : espaces dédiés avec « coin bibliothèque », cafés et goûters parents-enfants, moments festifs, réunions autour de la parentalité, espace d'allaitement pour les mamans ou encore, nous l'avons vu, outils digitaux pour permettre de connaître, jour après jour, la vie de leur petit grâce à une application. Quand Babilou entend « simplifier la vie des parents », La Maison bleue les « accompagne », « est à leur écoute » au quotidien. De son côté, People and Baby entend développer « une réelle complicité

1. « Qualité de l'accueil et prévention de la maltraitance dans les crèches », Igas, mars 2023.

et complémentarité dans leur éducation» quand les crèches de LPCR se targuent même d'être des «espaces ouverts aux parents» où ils peuvent se sentir «comme chez eux». Qu'ils se le disent : les parents sont «les bienvenus en section». Voilà pour le discours officiel.

Reste que la place des parents en crèche est infiniment délicate et leurs interrogations, bien légitimes. Pour Frédéric Groux, ancien EJE et psychologue en crèche, il est important de prendre en compte le fait que le parent est aussi fragile que son bébé, surtout quand c'est le premier, lors des premiers mois. «C'est très complexe de travailler en crèche car on est dans l'intime[1]», souligne-t-il. «Notre premier rôle, c'est de rassurer les parents et qu'ils maintiennent la confiance qu'ils ont dans les équipes. Quand ils nous confient leur enfant, ils nous confient la prunelle de leurs yeux[2]», rappelle aussi Elsa Hervy, la dynamique et omniprésente déléguée générale de la FFEC.

Ces derniers temps, les entreprises de crèches ont adopté les mêmes outils que de nombreuses autres entreprises. Pour étayer leur communication, venir nourrir leur argumentaire, elles se basent sur des «notes» émanant des questionnaires de satisfaction des familles. Ces notes, ainsi obtenues par les entreprises elles-mêmes mais également par la

1. «Professionnels de crèche : les pratiques pour bien accompagner les parents», *Les Pros de la petite enfance* (en ligne), 6 avril 2018.

2. Entretien avec les autrices, 7 mars 2023.

FFEC, sont présentées comme « objectives » et sont systématiquement… élevées.

« À la fédération, nous avons un outil objectif de mesure de la satisfaction des familles depuis dix ans […], ça fait dix ans qu'on ne voit pas le taux de satisfaction des parents chuter et que nous rendons public ce baromètre, que le taux de satisfaction reste relativement élevé, de plus de 8,5 sur 10. Nous sommes sur une boucle vertueuse », nous assène ainsi Elsa Hervy lors de notre rencontre. À noter que dans son questionnaire, en 2021, la FFEC demandait des avis aux parents sur « la mobilisation de l'ensemble du personnel » à l'heure du Covid (note de 8,90 sur 10) ou encore sur la « mise en place de règles de protection sanitaire » (note de 8,90 sur 10).

Au groupe Grandir-Les Petits Chaperons rouges, on brandit en tout cas ces fameux questionnaires comme un étendard au moindre signalement mettant en cause une structure, comme cela s'est produit à plusieurs reprises ces derniers mois. L'outil utilisé, qui fonctionne avec des questions précises, est le même que dans les plus grosses entreprises américaines et correspond à un pourcentage de clients qui évaluent la probabilité, ou non, qu'ils recommandent l'entreprise.

« On se sert du Net Promoter Score (NPS), expose Jean-Emmanuel Rodocanachi, le président du groupe. C'est le même dans le monde entier. Il repose sur cette question simple : Est-ce que vous recommanderiez la crèche à un ami ? », explique-t-il. « On incite vraiment les familles à répondre », renchérit Élodie Colas, directrice régionale au sein du même groupe. Par ailleurs, cet outil sert de baromètre à la direction pour décider, ou non, d'accorder des primes de fin d'année aux salariés. Sur son site, LPCR met en avant des notes de satisfaction dignes d'une élection stalinienne, faisant état de « 95 % des familles » qui recommandent ces crèches et même « 97 % des familles qui estiment que leur enfant est heureux à la crèche ».

Concernant ces « notes » à attribuer dont se nourrit à l'excès le secteur marchand dans son ensemble (contrairement aux crèches municipales et associatives qui n'en font pas état, pour la grande majorité), les parents que nous avons rencontrés ne nous en ont pas parlé, ce qui ne signifie pas pour autant qu'elles soient fausses ; ils nous ont en revanche fait part de leur impression tenace d'être déconsidérés. D'après le dernier rapport de l'Igas rendu public en avril 2023, que ce soit dans les structures publiques ou privées, « le soutien à la parentalité est trop peu investi en crèche [...], les temps de transmission [sont] très "protocolisés" autour de questions d'hygiène et de soin, sur le modèle médical de la continuité de soins ». Les familles qui ont accepté de nous parler évoquent aussi le sentiment d'avoir perdu pied, en tant que clients, dans leur rapport avec la direction du groupe où était accueilli leur enfant. Ils nous ont signalé des contrats établis de manière déséquilibrée, de telle façon qu'ils restreignent au maximum les marges de manœuvre et les droits des familles. Une réalité dévoilée au grand jour par la Direction générale de la concurrence, de la consommation et de la répression des fraudes (DGCCRF) en 2022 dans une enquête sur les micro-crèches. Y sont détaillées ces multiples « clauses illicites et abusives », contraires au code de la consommation, dans les contrats de nombreux établissements.

Il en est ainsi par exemple d'un dépôt de garantie « équivalent à un ou deux mois d'accueil demandé lors de l'inscription [et parfois encaissé avant la signature du contrat] puis acquis en cas de rupture du contrat par le représentant légal avant le premier jour d'accueil de l'enfant », peut-on lire dans ce rapport. Une autre clause, intéressante, « demande des pénalités de retard en cas de défaut de paiement sans aucune mise en demeure préalable ». Citons aussi, toujours selon la DGCCRF, ces « clauses relatives à la rupture abusive immédiate et unilatérale du contrat par le gestionnaire sans reconnaître le même droit au consommateur ou sans préavis raisonnable ». Autant d'éléments inscrits dans les contrats signés par les parents avant même le premier jour de crèche de leur enfant. Autant de petits coups de canif dans le code de la consommation que ne prennent souvent pas le temps de lire les parents, trop heureux d'avoir enfin trouvé une place en crèche pour leur enfant. Quand nous l'avons interrogée sur cette enquête de la DGCCRF, la déléguée générale de la FFEC Elsa Hervy reconnaît dans un premier temps que ces «anomalies» sont «énormes» avant de tenter de minimiser leur importance, invoquant la période de la crise sanitaire : «Les deux tiers sont liés à un manque de mise à jour des pages Internet. Tout ce qui concerne la publicité douteuse, c'était le Covid. Les entreprises étaient éprouvées. Il y en a qui avaient changé de fournisseur d'alimentation, qui n'était plus à 100 % bio mais à 70 % », se justifie-t-elle.

Au début de ce livre, nous évoquions le cas d'Alizée Ostrowski, cette mère de Vincennes (Val-de-Marne) qui avait souhaité, à la suite du drame de Lyon, retirer sa fille de sa crèche People and Baby en plein été. Jamais elle n'aurait imaginé devoir se confronter à de telles difficultés.

«C'est au moment où on a voulu partir qu'on a enfin lu notre contrat et découvert qu'on avait quatre-vingt-dix jours de préavis, trois mois entiers ! Et surtout, il était impossible de retirer notre fille de cette crèche entre le 1er juin et le 31 août. Aucune résiliation n'était possible sous peine de perdre notre caution de 2 500 euros[1] ! » s'indigne encore la jeune femme. Dans les documents qu'Alizée nous a transmis, il est en effet indiqué que le délai de résiliation est de vingt et un jours pour la structure – qui peut donc congédier les enfants en moins de trois semaines – mais de quatre-vingt-dix jours pour les parents à compter du 1er septembre et jusqu'au 31 mai, excluant

1. Entretien avec les autrices, 19 décembre 2022.

les trois mois d'été. Sollicité sur ce point, People and Baby soutient que ces contrats « ont été audités et validés par la DGCCRF. Les clauses sont claires, elles sont expliquées par l'équipe dédiée dès le premier entretien avec les familles et signées par les parents lors de l'inscription». Par ailleurs, pour justifier l'interdiction de quitter l'entreprise l'été, People and Baby fait valoir que «les ruptures anticipées en cours de contrat l'été ne permettent pas de préparer la rentrée et l'attribution des places».

La voix tremblante, devant nous, la mère questionne : «On s'est demandé : mais comment font les gens qui ont une mutation? Comment font les gens qui doivent déménager? Qui se séparent? Comment font les profs qui ont leur mutation trois semaines avant d'être affectés?»

Alizée et son compagnon Nicolas ont décidé de ne pas se laisser faire. Ils se sont tournés vers des associations de consommateurs, comme l'UFC-Que choisir, puis ont contacté un «copain avocat», qui a promis de s'en occuper, raconte Alizée, énervée par le procédé : «On s'est dit que nous, nous avions la chance d'avoir le bagage social, culturel et amical. Mais les gens qui en sont dépourvus, eh bien ils doivent respecter le contrat, ils sont bien obligés.»

Que s'est-il passé ensuite? Les jours ont défilé et le «copain avocat» n'a pas eu de réponse à sa missive. En désespoir de cause, Alizée s'est décidée à dénoncer cette situation auprès d'un journaliste de radio qui en a fait un sujet, passé sur les ondes. C'est alors que Mme Ostrowski a eu des nouvelles de l'entreprise. « C'était lunaire. Une jeune femme m'a appelée et m'a demandé : "Pourquoi vous êtes fâchée ?" », raconte encore Alizée. C'est ensuite au tour de Nicolas, son compagnon, d'être appelé. Le petit jeu a duré comme cela quelques jours. « On s'est demandé s'ils cherchaient à nous faire peur, cela ressemblait à une mauvaise pièce de théâtre, c'était ridicule », lâche Alizée.

Puis la famille est partie en vacances. People and Baby a arrêté de prélever chaque mois la modique somme de 1 200 euros sur le compte du couple et leur chèque de caution n'a jamais été encaissé. Pour eux, après de nombreuses tractations, l'histoire s'est plutôt bien finie.

L'une des difficultés rencontrées par Alizée Ostrowski et son compagnon a été l'absence d'interlocuteur fiable pour les informer et faire valoir leurs droits de parents d'enfants en crèche. En France, aucune association ne promeut en effet les intérêts de ces familles, nul porte-parole ne relaie leur voix, leurs inquiétudes. Il existe bien l'Association des collectifs enfants parents professionnels (Acepp), née au début des années 1980 alors que l'État encourageait le développement en France des crèches parentales. Ces structures associatives, de taille modeste, sont gérées par les parents eux-mêmes avec l'aide, généralement, de quelques salariés. La bonne relation entre les parents et les professionnels est impérative pour le fonctionnement de ces établissements bien particuliers. On comprendra que le cœur de l'activité de l'Acepp est bien de se focaliser sur ces crèches parentales et non pas de se plonger dans les multiples conflits, souvent de nature commerciale, qui émergent entre les entreprises de crèches privées et les parents.

Nous avons retrouvé la trace d'autres familles qui s'étaient senties flouées par ces grandes entreprises. Du côté de Toulouse (Haute-Garonne), Quentin[1], trentenaire et salarié dans le commerce, a lui aussi été choqué en 2018 lorsqu'il a pris connaissance en détail des «petites lignes», selon ses propres termes, du contrat qui le liait à l'entreprise LPCR. C'était plus d'un an après que son fils de deux ans a été accueilli au sein de cette entreprise. Au téléphone, il accepte bien volontiers de nous répondre. Cet homme, qui se définit comme «appartenant à la classe moyenne», lâche très vite : «En reparler, ça m'énerve beaucoup.» Il souhaite en revanche, une fois de plus, que l'on taise son nom et nous comprendrons pourquoi plus tard.

À l'entendre dérouler son histoire, on découvre que pour Quentin, confier son enfant à cette crèche, faire confiance à des professionnelles n'était déjà pas chose aisée. «C'était mon premier enfant et c'était viscéral. Le matin, je partais avec la boule au ventre quand je le laissais[2].» Mais cet établissement de quarante berceaux de LPCR, situé dans la banlieue de Toulouse, avait fini par leur convenir, à lui et à sa femme. Les salariées semblaient

1. Le prénom a été modifié.
2. Entretien avec l'une des autrices, 17 mars 2022.

bien s'occuper des petits. Leur fils pleurait de temps en temps, le matin, mais le couple comptait le laisser là encore sept ou huit mois, jusqu'aux vacances d'été. Le laps de temps nécessaire avant l'entrée à l'école maternelle. En clair, tout se passait bien, leur fils semblait avoir pris l'habitude de cet endroit.

Jusqu'à ce jour de décembre, peu de temps avant Noël, où la direction de la crèche a signifié sans préambule à Quentin et à son épouse que leur fils ne pouvait plus être accueilli dans l'établissement à compter de janvier. Une vingtaine d'autres enfants étaient dans le même cas. Renvoyés. Ils avaient deux semaines pour trouver un autre mode de garde. À l'origine de ce revirement : un contrat important de « réservation de berceaux » que la crèche LPCR en question venait de signer avec l'entreprise Airbus, l'un des plus gros pourvoyeurs d'emplois à Toulouse. Nous reviendrons en détails sur le fonctionnement de ces crèches d'entreprise. Et pour que cet établissement puisse accueillir les bébés des salariés d'Airbus, il fallait libérer de l'espace. « J'ai eu l'impression d'être un numéro et que mon fils était traité comme un morceau de viande. C'était le pot de fer contre le pot de terre. Nous, on ne faisait pas le poids face à Airbus », s'agace encore Quentin, cinq ans plus tard.

À aucun moment, la directrice ou les professionnelles ne l'avaient averti, pendant plus d'un an, de cette clause de son contrat. En clair, son fils était « en CDD » dans la crèche sans même qu'il le sache.

« Ce qui nous a gênés, c'est le manque d'informations, explique Quentin. On venait de passer une année complète avec eux. Notre petit s'était habitué à eux. Ils ne nous ont pas prévenus que le contrat pouvait s'interrompre d'un jour à l'autre, soupire-t-il, la gorge encore nouée au téléphone. S'ils m'avaient prévenu à la rentrée de septembre, j'aurais eu le temps de me retourner. Mais ils ont voulu optimiser le remplissage. De septembre à décembre, ça faisait une perte de chiffre d'affaires pour eux. »

Pour son couple, cette période de fin d'année se résume donc à un mot : « panique », lâche-t-il.

« Avec ma femme, on avait à cette époque-là de nouveaux boulots, où on avait de la pression, on ne pouvait pas se permettre de s'absenter du jour au lendemain. On s'est dit : comment on va faire ? On a évoqué entre nous la possibilité de le faire garder chez les grands-parents. On n'avait pas trop les moyens d'une nounou. On s'est aussi dit qu'on allait s'arrêter six mois, prendre un congé parental », confie le père. Pendant quelques jours, il fait du ramdam, tente de contacter des journalistes, confectionne un tract qu'il distribue devant la crèche de son fils. « Ce groupe se targue de mettre les enfants au centre de tout, d'utiliser la méthode Montessori. Je voulais faire bouger les choses », résume-t-il.

À ce moment-là, un élan de solidarité naît entre ces parents « virés » et démunis, confrontés à la même problématique. « On se refilait des tuyaux.

C'était à qui allait pouvoir recaser son enfant à droite ou à gauche en deux semaines», raconte Quentin qui a alors l'idée de lancer une pétition. Un jour de ce même mois de décembre, le père en colère reçoit un appel du service juridique de LPCR. «Ils m'ont dit d'arrêter de parler à la presse si je ne voulais pas être attaqué en diffamation. Ils voulaient me faire taire, ils ont réussi.» Le trentenaire, ébranlé par ce coup de fil, explique qu'il n'a pas souhaité «dépenser de l'argent», se «lancer dans une procédure juridique de cinq ou dix ans». Les jours ont passé, la colère des parents s'est apaisée. Quentin et sa femme ont trouvé une place dans une micro-crèche Babilou du secteur. La pétition, elle, n'a jamais vu le jour.

Nous avons ensuite demandé à Jean-Emmanuel Rodocanachi l'explication de ce phénomène de «bébés en CDD» dans les crèches de LPCR. Son point de vue nous a un peu surpris. Dans son esprit, le président du groupe considère qu'il «rend service» à ces parents qui sont renvoyés. Il a été formel :

«Ces familles qui arrivent sans être épaulées par un employeur n'ont normalement pas leur place dans ces crèches réservées aux entreprises. Mais par rapport à notre vocation d'accueil social, cela a du sens de les accueillir.» Et d'ajouter : «Les règles du jeu sont expliquées avant la signature du contrat. On leur explique alors qu'ils auront un préavis et qu'il faudra partir. Nous n'aimons pas faire ça, ce sont des cas rares et extrêmes mais en attendant, on leur rend service », répète-t-il.

Quentin, de son côté, assure n'avoir jamais été prévenu par la crèche de la particularité de son cas, il s'est juste senti « méprisé ».

Dans le secteur privé lucratif, le rôle des parents et les informations qui leur sont délivrées, sont parfois réduits à la portion congrue. Une situation à laquelle les pouvoirs publics ont promis de s'atteler dans le cadre de la création d'un « service public de la petite enfance » tel qu'annoncé en 2023 par la première ministre Elisabeth Borne et le secrétaire d'État chargé de la petite enfance, Jean-Christophe Combe.

« Il faut mettre en place plus d'instances pour que les parents sachent davantage ce qui se passe[1] », nous a indiqué Constance Bensussan, la directrice de cabinet du secrétaire d'État à la famille, Jean-Christophe Combe. Encourager les parents à prendre leur place au sein des crèches, organiser des temps d'échange en dehors de tout discours marketing, le défi est essentiel et mérite d'être relevé. Dans un rapport rendu public en mars 2023, le HCFEA, une instance rattachée au Premier ministre, plaidait aussi en ce sens : « Il s'agit de répondre aux besoins des familles, en prenant le temps de les soutenir dans leur parentalité. Les temps de réflexion des professionnels sur leurs pratiques

1. Entretien avec les autrices, 21 mars 2023.

ainsi que les échanges avec les parents sont une condition *sine qua non* de la qualité d'accueil[1] », peut-on notamment lire dans ce rapport.

En attendant que tout cela voie le jour, les parents s'organisent comme ils peuvent. Ils créent des boucles de mail, utilisent des outils comme WhatsApp pour échanger et se donner certaines informations, parfois en toute discrétion. À travers ces bribes de communication quotidienne, une nouvelle solidarité, un contre-pouvoir émergent. « Sur notre groupe WhatsApp, on parle de tout et de rien, de la prochaine sortie au parc, d'un pull égaré à la crèche mais on se refile aussi des tuyaux, on se rassure comme on peut[2]. On a vite compris qu'il était important de se lier les uns avec les autres », nous explique ainsi Séverine, cette mère du 18e arrondissement, à l'origine de la boucle WhatsApp d'une crèche People and Baby.

Lorsqu'ils ont appris que la crèche de leur enfant allait être reprise par ce groupe, en juillet 2022, les parents n'ont pas hésité. Alertés par la réputation controversée de l'entreprise, ils ont décidé de se mobiliser et de rester vigilants. « Quand on laisse notre enfant en pleurs, le matin, on écrit par exemple un petit mot pour savoir si, une demi-heure ou une heure plus tard, il s'est apaisé. Les parents qui passent derrière nous nous tiennent au

1. « Vers un service public de la petite enfance », HCFEA, mars 2023.
2. Entretien avec l'une des autrices, 30 mars 2023.

courant», confie Séverine. Ainsi, ce groupe sert de vigie. Il est un moyen discret de rester informé sans passer par les professionnelles de la crèche. Et une preuve supplémentaire de la défiance grandissante des parents pour le monde des crèches privées.

10

«Pourquoi ne pas créer, pour la petite enfance, l'équivalent de l'école privée?»

Ils sont diplômés des écoles de commerce les plus renommées du pays et teintent leur discours d'anglicismes tout droit sortis du champ lexical de l'économie et de la finance. Ils se targuent d'avoir participé à l'écriture des lois dans les ministères. Au début des années 2000, une poignée de jeunes entrepreneurs se lancent avec énergie dans une aventure : celle d'ouvrir le champ de la petite enfance au secteur privé lucratif. Nous parlons ici des femmes et des hommes qui ont donné naissance aux groupes que nous connaissons aujourd'hui : Jean-Emmanuel Rodocanachi (Grandir-Les petits Chaperons rouges), Édouard et Rodolphe Carle (Babilou), Sylvain Forestier (La Maison bleue), Christophe Durieux et Odile Broglin (People and Baby) et Maïlys Cantzler (Crèche Attitude).

Vingt ans plus tard, leurs bébés ont bien grossi, à la faveur d'un marché toujours en pleine croissance, et les lecteurs de la presse économique et financière connaissent désormais les noms et les parcours de ces acteurs tant ils y sont régulièrement présentés comme les visages d'une success-story à la française, pour reprendre un anglicisme qui leur est cher. À l'exception de Maïlys Cantzler, l'unique femme à s'être lancée seule dans l'aventure, tous font en effet encore partie du paysage de la petite enfance et certains ont rejoint, ces dernières années, le club très fermé des 500 plus grandes fortunes[1] de France.

À ce stade de notre enquête, il nous paraît indispensable de revenir sur leur parcours et celui de leurs entreprises. Mais, nous allons le voir, ils n'auraient jamais pu en arriver là sans l'aide de la puissance publique. Car ces entrepreneurs ambitieux n'ont pas bâti seuls leur succès. Depuis les années 2000, les gouvernements successifs, dépassés par les besoins immenses de places en crèche, à mesure que les femmes prenaient leur place sur le marché du travail, ont favorisé l'essor de ces structures privées.

Rappelons qu'il n'existe, au début du siècle, que des crèches publiques et associatives et qu'elles sont loin de répondre à la demande. Une étude de la Direction de la recherche, des études, de l'évaluation et des statistiques, menée en 2002, établit que seuls 9 % des petits de moins de trois ans bénéficient d'une place en structure collective[2], alors

1. Classements du magazine *Challenges* de 2016 et 2022.

2. « La part des enfants de moins de trois ans confiés principalement à une assistante maternelle ou une crèche a presque doublé entre 2002 et 2021 », Drees, février 2023.

qu'il s'agit du mode de garde le plus plébiscité par les parents. Cette période marque également le début d'une baisse de la scolarisation précoce, phénomène qui génère encore plus de demandes. En 2000, 35 % des enfants de deux à trois ans sont scolarisés ; ils ne sont plus que 12 % dix ans plus tard[1]. Les besoins sont donc immenses et le territoire, vierge.

Quand nous le rencontrons au siège de Grandir-Les petits Chaperons rouges à Saint-Ouen (Seine-Saint-Denis), Jean-Emmanuel Rodocanachi, en col roulé, les manches retroussées, s'attarde longuement devant la frise colorée où s'affichent les grandes dates de l'histoire du groupe depuis l'année 2000, date de lancement de son épopée. À l'époque, le diplômé d'HEC est déjà trentenaire, il a une première carrière passée dans la finance derrière lui, il a vécu aux États-Unis, il cherche à entreprendre. Le secteur de la petite enfance lui apparaît comme une promesse de succès et un territoire à conquérir, à créer, à structurer.

« Il y avait alors 800 000 familles en liste d'attente et un réseau de crèches qui avait l'âge de ses artères et qui grandissait assez peu chaque année », se souvient Jean-Emmanuel Rodocanachi. À l'époque, poursuit-il, « 80 % des femmes en âge d'avoir des enfants travaillent, le nombre de familles monoparentales augmente » et « le besoin d'équilibre entre vie familiale et vie professionnelle » se fait

1. *Revue de dépenses*, Igas, 2017.

plus prégnant. Tout ça n'est pas nouveau, pour celui qui vient de passer quatre années à New York où il a notamment œuvré dans une banque d'affaires et dans une société de capital-investissement (qui va injecter des fonds dans des sociétés non cotées en Bourse) : «Ces arguments avaient émergé aux États-Unis dix ou quinze ans plus tôt et avaient permis au secteur de se lancer.»

Le fondateur de LPCR nous raconte alors avoir obtenu un rendez-vous avec la ministre de la Famille de l'époque, la socialiste Ségolène Royal, ainsi qu'avec la présidente de la Cnaf, Nicole Prudhomme. Et il dit les convaincre de l'utilité de monter un groupe de travail sur le sujet. «C'était ça, le *benchmark*, à l'époque : pourquoi ne pas créer, pour la petite enfance, l'équivalent de l'école privée sous contrat avec l'État pour les moins de trois ans», poursuit le fondateur de LPCR. Un *benchmark* se définit comme une technique qui consiste à observer et à évaluer la concurrence ou, dirons-nous, ce qui se fait ailleurs, dans les autres pays en l'occurrence.

À l'écouter, Jean-Emmanuel Rodocanachi a été à l'origine de la naissance du secteur. «Dans le bureau de Ségolène Royal, on était seuls», nous dira-t-il. Mais il faut savoir que chacun des fondateurs des premières crèches privées que nous avons rencontré nous a donné la même impression. Nous pouvons donc affirmer, sans risquer de nous tromper, que le sujet était largement dans l'air du temps.

En 2002, Jacques Chirac est réélu, la cohabitation prend fin et Christian Jacob devient ministre délégué à la Famille. Au printemps 2003, la mise en place d'un ambitieux «plan crèches», doté de 200 millions d'euros, qui vise à créer 20 000 places supplémentaires, est annoncée lors de la conférence annuelle de la famille. C'est également à cette date que l'ouverture au privé est actée. «Il est indispensable d'ouvrir le secteur de la petite enfance au maximum d'intervenants possibles pour compléter l'offre publique, détaille le ministre. Et je serai particulièrement attentif à ce que cette ouverture se fasse en harmonie avec les règles de fonctionnement des structures existantes[1]», prend soin de préciser Christian Jacob. Qu'appelle-t-on alors secteur privé? Deux types de structures sont regroupés sous cette appellation peu précise, à savoir «les crèches créées au sein des entreprises, destinées aux enfants du personnel, pour lesquelles le projet de loi de finances pour 2004 prévoyait un crédit d'impôt, et les crèches à but lucratif, créées par une entreprise dont c'était le métier[2]», selon la définition de Nicole Prudhomme. Dès 2003, tout est donc écrit et, nous allons le voir, la puissance publique n'aura ensuite de cesse d'assouplir les dispositifs existants.

1. Discours prononcé devant la commission des comptes de la Sécurité sociale, 25 septembre 2003.
2. Audition devant la commission des Affaires sociales au Sénat, octobre 2003.

Ce premier plan crèches de l'ère 2000, doté de 200 millions d'euros, dont 20 % sont réservés aux entreprises de crèches[1], est scruté de près par ces jeunes entrepreneurs ambitieux. LPCR utilise ce dispositif naissant pour monter sa crèche d'Orly-Rungis (Val-de-Marne), « un projet pilote » selon Jean-Emmanuel Rodocanachi.

Même engouement du côté des frères Carle qui implantent leur première crèche d'entreprise Babilou dans les Hauts-de-Seine. « Le dispositif de la Cnaf est mis en route le 1er janvier 2004 et on arrive à ouvrir le 4 », se vante Rodolphe Carle. À peine un an plus tôt, le jeune diplômé de l'Essec travaille toujours dans un fonds d'investissement à Londres. À l'époque, Rodolphe Carle a vingt-six ans, il n'a pas d'enfant et pas d'appétence particulière pour les couches et les petits pots ; il a en revanche un immense désir d'entreprendre. Il propose à son frère Édouard, salarié dans les systèmes de sécurité électroniques, de s'associer et tous deux déposent, le 25 mars 2003, les statuts de leur entreprise, Babilou.

Mais les échanges avec leurs clients potentiels viennent, dans un premier temps, doucher leur enthousiasme.

« Quand les dispositifs de financement sortent, ils sont dessinés pour des crèches d'entreprise, sur le modèle anglo-saxon. Or les entreprises n'étaient

---

1. « Petite enfance : le gouvernement ouvre les crèches au secteur privé », *Les Échos*, 19 février 2004.

pas du tout matures pour ça, se souvient Rodolphe Carle. Concernant la thématique de la parentalité en entreprise, de l'égalité homme-femme... Sur le marché du travail, les directeurs des ressources humaines, les managers n'étaient pas là-dedans, dans les années 2000.»

La fondatrice du groupe Crèche Attitude, qui s'est lancée au même moment, abonde avec une anecdote savoureuse :

«Je me rappelle qu'en 2004, 2005, quand on contactait certaines entreprises pour leur proposer nos crèches, on nous demandait si ce n'était pas trop saisonnier comme activité, sourit Maïlys Cantzler. En fait, on nous prenait pour des vendeurs de crèches de Noël. Oui, des crèches en entreprise, pour eux, c'était de petits santons de Noël ! À l'époque, ce n'était pas un outil RH connu...»

Cet accueil frileux ne les décourage pas : ils découvrent rapidement une nouvelle brèche dans laquelle s'engouffrer. «En lisant les textes de loi, on s'est rendu compte que ce qui était proposé était tout à fait applicable aux crèches municipales, poursuit Rodolphe Carle. Alors on est allés voir les mairies, on était les premiers à le faire.» Et le 14 mars 2005, poursuit-il, Babilou ouvre, en partenariat avec la ville de Rueil-Malmaison (Hauts-de-Seine), sa première crèche dite «marché article 30», c'est-à-dire grâce à un marché public négocié directement entre les deux parties, sans publicité ni mise en concurrence. « Une première pour le pays. » Le marché des DSP, pour soulager des collectivités aux finances exsangues, est ouvert.

Poursuivons un peu. En 2006, Philippe Bas, ministre délégué à la Famille dans le gouvernement de Dominique de Villepin, franchit une nouvelle étape dans la dérégulation du secteur. C'est lui qui va créer un nouveau marché dans le marché, en autorisant l'expérimentation des micro-crèches privées. À défaut de lui poser directement la question (par mail, il nous a signifié qu'il ne souhaitait pas donner suite à nos sollicitations), nous avons retrouvé un article du quotidien *Le Figaro* de 2006, dans lequel il détaille son « plan petite enfance » : « Il est impératif d'offrir plus de souplesse aux parents. C'est pourquoi je souhaite favoriser le développement de trois types d'accueil. D'abord, les micro-crèches. Leur capacité étant limitée à neuf enfants maximum, elles n'ont pas la rigidité et les contraintes des plus grandes infrastructures et sont donc plus faciles à mettre en place. Elles sont actuellement testées en Mayenne, et je veux les expérimenter à grande échelle[1] », détaille Philippe Bas. Le ministre explique encore vouloir favoriser « l'accès des petites sociétés aux crèches d'entreprise », ouvrant le champ à la création des crèches interentreprises, et « développer les crèches rurales ».

1. « Philippe Bas : plus de places en crèches d'ici à cinq ans », *Le Figaro*, 7 novembre 2006.

Là encore, tout est écrit : dès le départ, les micro-crèches sont moins encadrées, moins réglementées.

En 2010 enfin, le décret Morano vient mettre le feu aux poudres : la ministre de la Famille de Nicolas Sarkozy assouplit encore les autorisations en termes de nombre d'enfants accueillis et en matière de qualification des professionnelles. De l'obligation d'avoir 50 % de personnel diplômé (EJE, auxiliaire de puériculture, infirmière...) au sein de la structure, on passe à 40 %. Et le nouveau décret prévoit la possibilité d'accueillir des enfants « en surnombre certains jours de la semaine », jusqu'à 20 % de la capacité d'accueil.

Dans les micro-crèches privées, qui sont généralisées à ce moment-là, le personnel formé peut seulement être titulaire d'un CAP petite enfance. Et si l'équipe compte un référent technique, pas besoin d'avoir un diplôme de la petite enfance pour devenir gestionnaire de micro-crèche ou d'un réseau. Quant à la capacité de ces petites structures, elle est passée, au fil des années, de neuf à dix, douze et désormais quatorze, sous certaines conditions dérogatoires. Pour la plupart, ces crèches ne fonctionnent pas grâce à la PSU. Le prix facturé aux familles est fixé par l'établissement et les parents peuvent ensuite demander à être en partie remboursés grâce à une autre subvention de la CAF, la Prestation d'accueil du jeune enfant (Paje). C'est le modèle qui prévaut chez les assistantes maternelles, par exemple.

C'est à cette période-là que naît le collectif Pas de bébés à la consigne, devenu aujourd'hui bien connu des pouvoirs publics. Dès sa création, en 2009, ce collectif proteste contre la transposition, dans la loi française, de la directive européenne sur les services dite Bolkestein. Adopté en 2006 à Bruxelles, ce texte, appliqué en France, risque d'entraîner « des conséquences difficiles à évaluer dans le champ de la petite enfance », alerte alors Pas de bébés à la consigne. Le collectif ne sera pas entendu. Le secteur de la petite enfance ne sera pas exclu du texte et sera donc considéré comme un service, pouvant dépendre des lois du marché.

Constitué de professionnels de la petite enfance et de médecins de PMI, le collectif se mobilise aussi à la faveur de la préparation du « décret Morano ». Dans un texte en forme de manifeste, publié à la veille de l'adoption du décret, en 2010, le collectif écrit : « Les études en France et en Europe convergent sur les critères de qualité d'un mode d'accueil [...]. Les professionnels de la petite enfance sont aujourd'hui gagnés par la colère parce qu'ils perçoivent que ces fondements ne sont plus partagés par les pouvoirs publics. Le décret en préparation pour l'accueil collectif finit d'entamer une à une toutes ces avancées[1]. » Devant un café, près de la place de la République à Paris, Birgit Hilpert est revenue sur la colère de cette époque : « Dès

1. Patrick Ben Soussan (dir.), *Le Livre noir de l'accueil de la petite enfance*, Toulouse, Érès, 2010.

l'origine, notre collectif s'est inquiété de la baisse du taux d'encadrement inclus dans le décret Morano. Nous tentions d'alerter aussi sur l'essor du privé lucratif. J'ai toujours jugé difficile de faire de l'argent sur le dos de l'être humain», soupire cette membre fondatrice du collectif, EJE dans une crèche publique.

Ces professionnels de la petite enfance, qui dénoncent l'obsession de la quantité au détriment de la qualité, se sentent à l'époque floués, méprisés par le pouvoir en place. À l'inverse, les entrepreneurs racontent avoir eu l'oreille des politiques.

«On a passé 20 ou 30 % de notre temps dans les ministères pour essayer de construire un *business model sustainable* sur le long terme [...], raconte Rodolphe Carle, dans un podcast dédié aux récits d'entrepreneurs. Quand on a vu une ouverture du gouvernement pour faire un *partnership* de financement qui permet aux familles, quel que soit leur statut économique d'accéder à Babilou, on s'est dit : le monde s'ouvre, on est capables de faire des crèches pas seulement dans l'Ouest parisien, mais dans tous les quartiers, dans toute la France[1].»

Quelques années plus tôt, son frère Édouard se faisait encore plus direct :

«Il y a quinze ans, les textes de loi qui permettaient à une collectivité de faire appel à une entreprise n'existaient pas. On a ouvert ce marché,

1. *Pause*, podcast d'Alexandre Mars, 24 juin 2021.

on a, avec les politiques de l'époque, rédigé les textes de loi pour qu'une collectivité puisse faire appel à nous et on a créé les premiers partenariats public/privé[1]. »

Une sortie qui a braqué l'ancienne ministre de la Famille de Nicolas Sarkozy, lorsque nous l'avons jointe au téléphone. « Que des entrepreneurs tiennent le stylo des politiques, ça n'existe pas, et encore moins avec le tempérament que j'ai[2], s'emporte Nadine Morano, que nous avons contactée alors qu'elle sortait du Parlement européen de Bruxelles, où elle officie désormais comme députée européenne. En revanche qu'on les ait entendus, qu'ils aient été consultés pour trouver le meilleur des dispositifs, oui, c'est normal, c'est toujours comme ça que ça se passe. » Et les créateurs d'entreprises l'ont été, au même titre, dit-elle, que « les associations et les fédérations professionnelles ».

Certes, les plans crèches des gouvernements successifs avaient tous pour objectif global d'accroître le nombre de places d'accueil. En 2021, 18 % des moins de trois ans étaient accueillis en crèche, contre 9 % vingt ans plus tôt[3]. Mais il s'avère que ces réformes ont peu contribué à l'essor des sec-

1. Propos tenus dans l'émission « Le Talk Décideurs », sur le site du *Figaro*, 7 janvier 2019.

2. Entretien avec l'une des autrices, 17 novembre 2022.

3. « La part des enfants de moins de trois ans confiés principalement à une assistante maternelle ou une crèche a presque doublé entre 2002 et 2021 », Drees, février 2023.

teurs public et associatif. À l'inverse, le secteur privé en a largement bénéficié, il suffit de regarder les chiffres. Le premier Baromètre économique de la petite enfance, commandé par la FFEC, révèle par exemple qu'entre 2012 et 2018, 63 425 places ont été créées, dont 50 913 par le secteur marchand, soit 80 %. Notons aussi qu'un rapport de l'Igas de 2017 relève qu'entre 2010 et 2016, le nombre de places en micro-crèches est passé de 1 424 à 14 830 et que « le marché des EAJE marchands atteindrait 958 millions d'euros de chiffre d'affaires en 2015, soit près du double de ce qu'il était en 2009 (508 millions d'euros)[1] ».

Et les premiers fondateurs sont toujours là. Ils s'exportent, ils se disputent les clients, ils rachètent des réseaux. Un exemple : Crèche Attitude, l'entreprise créée par l'une des pionnières du secteur, Maïlys Cantzler, a d'abord été reprise par Sodexo en 2013, puis a fusionné avec Crèches de France en 2018, avant de passer sous l'étendard de LPCR en 2022. Avec ce rachat au montant secret, ce dernier est devenu le leader du marché, comptant plus de 750 crèches, dont une petite moitié de microstructures, et plus de 1 200 établissements partenaires.

Qui peut vraiment revendiquer la paternité de cette idée, concrétisée en France il y a vingt ans ? C'est à qui a lancé la première crèche en partenariat

1. « La politique d'accueil du jeune enfant », *Revue de dépenses*, 2017, Igas.

avec une mairie, à qui a ouvert la première structure d'entreprise, celle comptant plus de 80 berceaux… « Vingt-trois ans plus tard, on se moque de qui a commencé », sourit Jean-Emmanuel Rodocanachi, le PDG de LPCR. Les uns et les autres surjouent une rivalité anecdotique sur ce point, comme pour masquer des conflits commerciaux bien plus importants et bien plus lourds de conséquences.

11

L'agitateur de la petite enfance

L'essor du secteur des crèches privées concerne à l'origine une poignée d'acteurs ayant un énorme gâteau à se partager. Ils ne sont pas tous riches mais un bel avenir leur est promis. Ils sont jeunes – pour la plupart –, dynamiques et ambitieux. Vite, entre eux, des affinités éclosent. Certains font connaissance, s'apprécient et se respectent. L'une des seules femmes de la bande, Maïlys Cantzler, entrepreneuse énergique au franc-parler et au regard azur, se rappelle bien l'émulation de l'époque. Fraîchement sortie de HEC, elle s'est lancée dans l'aventure sans un sou mais avec de l'humilité et une myriade d'idées pour sa petite société, Crèche Attitude. « À la base, on avait tous les mêmes règles du jeu. On a toujours été concurrents dans l'âme dans le sens où c'était chacun pour sa paroisse mais l'idée, c'était de la construire, et de manière propre[1] »,

1. Entretien avec les autrices, 17 février 2023.

nous raconte-t-elle, un brin nostalgique, dans les locaux de sa nouvelle entreprise à Boulogne-Billancourt (Hauts-de-Seine).

Nous l'avons vu, les places de crèche manquent en nombre dans le pays. Le marché est tellement important que chacun trace d'abord son propre sillon sans empiéter sur les plates-bandes de son voisin. Quand Maïlys Cantzler signe des contrats avec des entreprises importantes comme Aéroports de Paris (ADP), les frères Carle contactent d'abord les mairies situées dans la banlieue ouest de Paris pour lancer des DSP et Jean-Emmanuel Rodocanachi, créateur de ses jeunes Chaperons rouges, frappe lui aussi à la porte des villes, mais plutôt dans le sud de la capitale, comme à Chevilly-Larue (Val-de-Marne). « Pendant cinq ans, de notre côté, on a multiplié les DSP, surtout dans les Hauts-de-Seine, on était seuls. On s'est développés assez vite, on a appris notre métier[1] », commente Rodolphe Carle, le cofondateur de Babilou. Ces entrepreneurs débutants se croisent alors à la porte des mairies ou devant les ascenseurs des entreprises qui lancent leurs appels d'offres. « Vous êtes là, vous faites votre oral et puis il y a l'autre entreprise qui attend là-bas. Au moment où il y en a un qui sort, le jury veut prendre cinq minutes donc vous vous retrouvez face à face. Vous vous présentez et vous finissez par prendre un café », raconte encore Maïlys

1. Entretien avec les autrices, 29 mars 2023.

Cantzler qui a rapidement noué des liens avec Rodolphe Carle, notamment.

En 2008, le marché se structure peu à peu, les principaux acteurs qui ont fait connaissance se regroupent alors dans une fédération commune, la FFEC, censée servir d'interlocuteur unique face aux pouvoirs publics et promouvoir les intérêts du secteur marchand. La date est loin d'être anecdotique. Elle marque symboliquement la naissance d'un nouveau secteur économique à part entière. Encore aujourd'hui, la FFEC agit comme un puissant lobby, tant auprès des collectivités locales que des entreprises. Les pionniers du secteur que sont alors Babilou, LPCR mais encore Crèche Attitude, La Maison bleue ou People and Baby s'y rassemblent.

Mais on le sait bien, même les contes de fées se révèlent truffés de créatures étonnantes. Très vite, certains des acteurs de ce marché naissant commencent à se démarquer. Ils jouent des coudes pour devancer leurs partenaires et veulent s'arroger la plus grosse part du gâteau.

« Au bout d'un moment, certaines mairies pour lesquelles on travaillait se sont mises à être contactées par nos concurrents. Ils ont cassé les prix. Leurs appels d'offres aboutissaient à des prix avoisinant les 3000 ou 4000 euros annuels par berceau là où nous étions autour de 8000. Les marchés partaient à des prix beaucoup plus bas car les villes n'étant pas toujours très bien dotées économiquement, le prix prenait pour elles une place très importante », rappelle aussi Rodolphe Carle lorsque nous lui demandons de nous faire le récit de ses premières années d'entrepreneur. Nous sommes alors en 2008-2009. Les villes ne se rendent pas encore compte des bouleversements à l'œuvre dans le secteur. Elles ne voient pas non plus ce que cette baisse des prix implique. Une détérioration de la qualité d'accueil, une dégradation du nombre et de la formation des salariés, une diminution du matériel proposé aux enfants. Peu à peu, à bas bruit, le low cost de la petite enfance est né.

Lorsque nous l'avons rencontré, dans l'arrière-salle d'un café cher aux responsables de grandes entreprises dans les beaux quartiers parisiens, le fondateur du groupe Babilou s'est bien gardé de nommer son plus féroce adversaire de l'époque. Mais c'est un secret de polichinelle ; l'un des acteurs qui proposent des tarifs si bas s'appelle Christophe Durieux. Avec sa compagne Odile Broglin, mais aussi un certain Thomas Fabius, jeune homme d'affaires, il a lancé en 2004 une entreprise baptisée People and Baby. Sollicité à plusieurs reprises, le PDG de People and Baby n'a pas souhaité nous rencontrer. Son entreprise est par ailleurs la seule, sur les quatre principales évoquées dans cette enquête, à avoir préféré échanger avec nous exclusivement par mail. Précisons également que lors de nos échanges, la personne chargée du service communication s'est permis cette demande déontologiquement discutable : que nous lui transmettions, à titre confidentiel, les réponses de ses trois concurrents, à savoir Babilou, le groupe Grandir-LPCR ainsi que La Maison bleue. Poliment, mais fermement, nous avons refusé.

Pour décrire ce tandem détonant incarné par Christophe Durieux et Odile Broglin, aujourd'hui âgés de cinquante-cinq et cinquante et un ans, nous n'avons en revanche pas manqué d'interlocuteurs. Pour la quasi-totalité d'entre eux, anciens salariés ou chefs d'entreprise du secteur, il s'agit de détracteurs du couple. Comment décrire, donc, Christophe Durieux? Le profil du PDG de «People» se distingue de celui des autres pionniers du secteur. Lui ne sort pas de ces prestigieuses écoles de commerce que sont HEC ou l'Essec. Il a eu un parcours plus ordinaire, travaillant, pendant une quinzaine d'années, dans la communication d'entreprise où il a fondé différentes PME. Mais c'est un homme mûr, rompu aux codes de l'entreprenariat, quand ses concurrents débutent dans la vie active et n'ont parfois pas la trentaine. «Il était plus âgé que ses concurrents de l'époque, comme les frères Carle, il avait plus d'expérience. Il possédait d'ailleurs encore, quand il a commencé, sa boîte dans la communication. Il avait du bagout et semblait savoir où il allait. En cela, il m'avait inspiré davantage confiance que ses concurrents[1] », confie un chef d'entreprise du secteur qui a croisé sa route en 2006.

1. Entretien avec l'une des autrices, 6 avril 2023.

Le couple Durieux-Broglin étonne. « Ils sont dissemblables. Lui, il est petit et râblé. Elle, c'est une grande femme qui a beaucoup d'allure, qui a l'air pro, qui a fait des études[1] », nous éclaire encore un ancien collaborateur. Ensemble, ils ont deux enfants, ce qui a son importance quand on se lance dans ce secteur. Odile Broglin est à l'origine puéricultrice et a été directrice d'une crèche dans la fonction publique hospitalière à Georges-Pompidou, dans le 16e arrondissement de Paris. « Je ne suis pas entrepreneure dans l'âme mais j'avais été un peu déçue par les lourdeurs administratives de mes précédents postes. Je désirais obtenir mon indépendance et mon autonomie professionnelle[2] », déclare-t-elle dans une interview en 2016. Quand elle se présente à un rendez-vous professionnel aux côtés de l'homme qui partage sa vie, elle rassure les interlocuteurs. Elle connaît bien les enfants, le métier, et sait en jouer aux côtés de ces jeunes loups qui, pour la plupart, n'ont pas encore fondé de famille. C'est d'ailleurs elle qui, lors d'un dîner, aurait rencontré Thomas Fabius. Le tout jeune fils de Laurent Fabius, vingt-trois ans, cofonde l'entreprise avec le couple. Il quittera pourtant très vite l'équipée, non sans s'être copieusement affronté à Christophe Durieux. « Nous avons racheté ses parts (5 %) il y a dix-neuf ans après six mois de

1. Entretien avec les autrices, 1er février 2023.
2. Interview d'Odile Broglin, cofondatrice de People and Baby, *Dynamique entrepreneuriale,* 2 mai 2016.

collaboration et nous ne travaillons plus avec lui», nous écrira par mail le service communication de People and Baby.

Les personnes qui ont travaillé avec Christophe Durieux le dépeignent parfois comme «un mélange entre Bernard Tapie et Donald Trump», «un type assez caractériel. Pugnace et charismatique mais très compliqué, très bouledogue, impulsif [...] qui ne connaissait rien aux crèches», balance un ancien collaborateur. «Il considérait que tout devait se régler dans le cadre d'un rapport de force. Ce n'était pas simple. En clair, si le client était content, c'est qu'il n'avait pas assez payé. Si le fournisseur était satisfait, il nous avait sans doute trop facturé[1]», vilipende cet ancien proche. Rien d'immoral en soi, mais les états d'âme sont souvent incompatibles avec la gestion d'une entreprise. Sa femme, Odile Broglin, le «tempère un peu», elle «arrive à s'opposer à lui, ce que ne faisait pas grand monde», elle connaît le terrain et sert de caution professionnelle et morale à l'entreprise.

People and Baby, dès l'origine, essaye, comme ses concurrents, de «marcher sur deux jambes», nous décrit-on. D'une part, les délégations de service public, proposées à des tarifs particulièrement bas et de l'autre, les entreprises qui payent, elles, davantage. L'entreprise veut aller très vite. «Sa stratégie, c'était de faire de la croissance. La boîte

1. Entretien avec les autrices, 18 novembre 2022 et 1er février 2023.

grossissait très vite», poursuit notre interlocuteur. En trois ans, l'entreprise de Christophe Durieux et Odile Broglin embauche près de 300 personnes. En 2011, tandis que la société compte près de 150 établissements, deux fonds d'investissement entrent au capital à hauteur de 30 % : CM-CIC investissement et BPI France. Leur objectif est d'ouvrir 500 berceaux par an. En 2015, ils disposent déjà de 230 crèches en propre et d'un réseau de 750 établissements partenaires. «Tous les ans, on se disait : ce n'est pas possible, il va faire faillite ! Et puis non, en fait, il était toujours là», lâche cet ancien concurrent.

Le siège de l'entreprise est situé dans le triangle d'or parisien, près des Champs-Élysées. L'endroit est en ébullition permanente. «Là-bas, c'était l'armée mexicaine. Il avait fait monter des gens dont il était le pygmalion», rappelle un ancien collaborateur. Les problèmes de gestion s'accumulent. «Quand j'étais dans cette boîte, tout était géré sur Excel. Il faut imaginer plus de 200 crèches qui montent les congés payés de leurs salariés sur Excel ! Avant le 20 [du mois], tout le monde faisait son Excel, il y avait des contrôleurs de gestion qui mettaient tout ça dans le cercle de paye mais il en manquait toujours la moitié. C'était l'enfer, tout ça, ça jouait sur les performances. L'entreprise ne gagnait pas beaucoup d'argent», soupire cet ancien salarié. Des critiques que balaye l'entreprise qui préfère se dire «fière» du travail réalisé par l'équipe RH tout en le reconnaissant : «Malgré notre vigilance, il peut toujours subsister quelques erreurs. Nous nous efforçons cependant de les réduire au maximum. »

Face à ces dysfonctionnements, la direction négocie très durement ses contrats, paye peu ses salariés, veut tout faire à l'économie mais, en même temps, dépense des sommes astronomiques en se rendant, par exemple, à ses réunions professionnelles… en hélicoptère. « Christophe Durieux arrivait en hélico et après, il négociait avec ses fournisseurs à la baisse le prix du repas, des couches. Je lui avais dit : "Commercialement, ça ne se fait pas, un truc comme ça ! C'est impossible", fulmine encore ce collaborateur qui a changé de secteur. Cet homme, il a deux personnalités, il y a deux personnes qui cohabitent en lui, raconte encore cet entrepreneur. Un jour, vous le rencontrez, il peut vous paraître complètement sensé, normal, et tout d'un coup il part dans un délire. » Chez People and Baby, on glisse que Christophe Durieux est « depuis trente ans pilote et passionné à titre personnel d'aviation privée (ULM, avion, hélico) » avant de préciser qu'« une dizaine de fois en vingt ans, en raison de grève des transports ou de crise du Covid, il s'est déplacé en hélicoptère pour se rendre à des rendez-vous professionnels et il a payé les frais personnellement ».

En 2015, Christophe Durieux et sa femme rachètent leurs parts et reprennent à 100 % le contrôle du capital de leur entreprise grâce à un emprunt réalisé auprès de la société Indigo Capital

France. Une particularité face à leurs concurrents, qui fonctionnent tous encore avec des fonds d'investissement. Une fierté, aussi, pour Christophe Durieux. « Nous souhaitons notamment avoir la possibilité, si l'occasion se présente, de nous rapprocher d'un autre acteur et de faire de la croissance externe. Cela nous donne une liberté d'action et de décision[1] », explique-t-il alors dans une interview. Sur le plan financier comme sur les autres, le couple décide de faire cavalier seul, quitte à se mettre l'ensemble de ses concurrents à dos.

Rappelons donc le contexte de l'époque : quelques entrepreneurs se lancent sur un marché prometteur où chacun peut trouver sa place. Au départ, ils avancent, prudents, chacun dans son coin. Certains montent leur petite entreprise brique après brique. Mais Christophe Durieux ne l'entend pas de cette oreille. Lui veut grandir, et vite, quitte à bousculer les autres sur son passage.

Pour comprendre cette ostracisation dont il a été lui-même l'acteur, il suffit d'observer son cheminement au sein de la FFEC. Il y restera seulement trois ans. Le 6 juin 2011, Christophe Durieux démissionne de la fédération dont il est cofondateur alors qu'une procédure d'exclusion contre lui est en cours et que le conseil d'administration de cette même fédération doit se prononcer sur son départ le lendemain. Malgré ses appels du pied

1. Interview avec Odile Broglin dans *Dynamique entrepreneuriale*, 2 mai 2016.

pour revenir, comme en 2015, il n'a depuis jamais réintégré la puissante fédération.

Sous couvert d'anonymat, un ancien acteur important a accepté de nous décrire la manière dont les premiers conflits ont émergé entre «People», Babilou et les autres : «Il faut se remettre dans le contexte de l'époque. L'arrivée des acteurs privés dans la petite enfance était très mal vue parce qu'il y a en France cette peur tenace du capitalisme. Certaines mairies rechignaient à faire appel au privé. Pour parer à tout ça, People, lui, a créé une association, Crèches pour tous. Il se présentait donc devant les villes qui lançaient des appels d'offres avec son association. Pour peu que la ville fût un peu démago, elle choisissait l'association parce qu'elle ne voulait pas prendre le privé. Il décrochait donc le marché» et rapatriait l'argent de l'association. Rien d'illégal, *a priori*.

Lassés de ces pratiques, ses concurrents l'ont sommé de nombreuses fois d'arrêter, avant de prendre la décision de l'exclure de la fédération. «Il aime bien raconter qu'il est parti, mais il n'est pas parti, il a reçu une lettre qui l'informait que le conseil d'administration de la fédé avait décidé de le sortir», poursuit notre interlocuteur. Christophe Durieux, lui, maintient encore aujourd'hui qu'il a démissionné, tout en mettant en cause son ancienne fédération : «Nous avons démissionné de la FFEC [...] parce qu'en cinq ans, lors des réunions, aucun sujet de ressources humaines, convention collective et pédagogie ou petite enfance n'a été abordé», soutient-il, à travers son service communication. Domicilié avenue Hoche, à la même adresse que l'entreprise People and Baby, le réseau Crèche pour tous se présente toujours aujourd'hui comme «le premier réseau indépendant de crèches en France». «Depuis notre création, nous avons une particularité associative puisque l'association Enfance pour tous, qui est aussi notre organisme de formation, gère également 25 crèches pour des villes. Quand ce double statut a créé des difficultés, People and Baby a préféré rejoindre la fédération leader du secteur, la FESP (Fédération des services aux particuliers)», soutient encore People and Baby.

Il est donc le seul acteur important du secteur à faire bande à part. People and Baby est toujours aujourd'hui adhérent de la FESP dont il faisait déjà partie entre 2004 et 2008. Christophe Durieux y préside la commission Accueil collectif du jeune enfant. «C'est la vie des organisations. Des acteurs arrivent, des acteurs repartent. Ils ont dû trouver à un moment que l'herbe était plus verte ailleurs puis ont souhaité revenir», commente, sans trop en dire, Catherine Lopez, la directrice générale de la FESP. «Être membre d'une fédération, c'est aussi bien s'entendre avec les autres acteurs. Si vous n'êtes pas alignés sur la politique, vous pouvez partir», estime également Mehdi Tibourtine, le directeur général adjoint de la FESP. À en croire d'anciens membres du secteur de l'époque, mais aussi des jugements de tribunaux que nous avons consultés, le couple ne s'entendait guère, effectivement, avec les autres membres du secteur des crèches privées.

Que s'est-il donc passé par la suite ? La vengeance est un plat qui se mange froid. L'ambiance dans le secteur des crèches privées s'est alors détériorée, virant même à la guerre ouverte entre les principaux acteurs. Après l'éviction de People and Baby de la fédération des entreprises de crèches, les différentes procédures et assignations leur ont au moins permis de garder le contact.

Nous avons retrouvé trace de plusieurs attaques en justice visant les uns et les autres, un peu comme les tirs croisés de cow-boys en pleine conquête de l'Ouest. En voici quelques-unes : en 2014, la société LPCR assigne l'association Crèche pour tous, parce qu'elle a découvert que cette dernière recensait certaines de ses crèches sur son site Internet, comme pour grossir la taille de son réseau. À peu près au même moment, Christophe Durieux attaque pour « dénigrement » et « entente anticoncurrentielle » LPCR, Babilou et la FFEC (alors qu'il tente, en parallèle, de réintégrer la fédération). Il leur reproche de l'isoler, notamment en le dénigrant auprès des attributeurs de crèches, des organismes sociaux et des prestataires. Dans cette affaire, une perquisition a même lieu, au cours du mois d'avril 2015, dans les locaux des entreprises en question : « Il a fait débouler les policiers, et les huissiers chez Babilou et LPCR, ils ont fait une saisie des ordinateurs », se souvient un ancien acteur du marché. Toujours au printemps 2015, Babilou décide également de porter plainte, cette fois pour « abus de confiance », parce qu'un de ses anciens salariés a rejoint People and Baby, en s'envoyant, au préalable, des documents internes par mail. Chaque épisode de ce feuilleton judiciaire, assorti de rebondissements en tous genres, s'étend sur des années puisque la société de Christophe Durieux choisit à chaque fois de faire appel.

Ces dernières années, les décisions de justice n'ont pas été rendues en sa faveur. Fin mars 2023, la Cour de cassation a rejeté le pourvoi de People and Baby et définitivement confirmé l'absence de poursuites contre LPCR, Babilou et la FFEC pour « dénigrement » et « entente anticoncurrentielle ». Le 28 mars de la même année, le tribunal de grande instance de Nanterre (Hauts-de-Seine) a cette fois condamné Christophe Durieux et un ancien salarié de sa société à 20 000 euros d'amende chacun. Tous deux ont été respectivement reconnus coupables de « recel de bien obtenu à l'aide d'un abus de confiance » et d'« abus de confiance », après la plainte déposée par Babilou en 2015, qui estimait que son concurrent lui avait volé des données. La SAS People and Baby écope également d'une amende de 30 000 euros. Mais cette fois encore, dans cette affaire d'espionnage commercial, Christophe Durieux, qui proteste de son innocence, a fait appel de la décision de justice tout comme People and Baby. Concernant cette affaire encore en cours, le service communication de l'entreprise se refuse à tout commentaire mais précise toutefois que «Babilou a été débouté d'une partie de sa requête».

Nous n'avons pas compté le nombre de procédures judiciaires dans lesquelles People and Baby est impliqué mais elles sont multiples. Ces dernières années, cette entreprise s'est donc agrandie, avançant à grandes enjambées, plaçant de nouveaux pions tout en faisant le choix d'une stratégie dure. «J'ai rarement vu dans ma carrière une telle accumulation émanant d'un seul acteur», s'étonnera un jour devant nous un avocat. Peu à peu, le groupe s'est isolé, se lançant dans une équipée solitaire, dont nous avons tenté de remonter les traces. Une quête qui nous a fait voyager en France, des anciennes mines de Lorraine aux bureaux du quartier d'affaires de La Défense.

12

« Ils ont piqué les bébés ! »

L'heure de pointe est passée, ce matin-là, dans le quartier d'affaires de La Défense, en bordure de Paris. Les hordes de salariés, mallette à la main, ont rejoint leur tour de bureaux mais quelques retardataires hâtent le pas sur la dalle. On en aperçoit aussi quelques-uns, en conciliabule, cigarette à la main, regroupés devant les portes tambours des bureaux. Située un peu à l'écart du parvis, à Courbevoie, la petite place des Reflets avec ses restaurants est encore déserte. Elle s'animera bientôt, à l'heure du déjeuner. Plantée au milieu, la crèche Jolis Reflets, aujourd'hui gérée par le groupe Grandir-Les Petits Chaperons rouges, continue d'accueillir les enfants malgré des travaux en cours à proximité.

Situé à l'ombre des gratte-ciel CBS et Europe et à proximité immédiate de Total et de ses milliers de salariés, le site est hautement stratégique pour les groupes de crèches qui s'y succèdent depuis des années. Ce qui est moins connu, c'est le nom de l'entreprise qui sous-loue depuis 2006 ce local de 400 mètres carrés aux opérateurs privés : Saperlipopette. Le PDG de cette petite entreprise s'appelle Mathieu Asse. « À l'époque, Saperlipopette a été parmi les premiers à mettre des enfants ici[1] ! Et Mathieu avait tout compris », rappelle Karim Amara, regard clair et ton énergique, dans son restaurant marocain qui jouxte la crèche. Ce restaurateur, propriétaire du fameux local et bailleur de Mathieu Asse, connaît les lieux comme sa poche. Ce matin-là, le quadragénaire nous sert de guide sur le parvis. À l'orée des années 2000, le marché s'ouvrant au privé, le restaurateur, qui avait lui-même un enfant en bas âge à faire garder, tenait à trouver un locataire pour le local qui appartenait à son père. Il croyait à l'installation de crèches dans le quartier d'affaires. Et il a rencontré ces entrepreneurs de la petite enfance qui venaient flairer les lieux, en quête d'une surface décente pour accueillir en journée les enfants des salariés.

Les premiers à s'intéresser à cet emplacement, nous les connaissons déjà, ce sont Christophe Durieux et sa femme, Odile Broglin, dès 2004. Leur entreprise est alors une toute jeune pousse. Thomas Fabius est encore de la partie. Karim Amara se souvient bien : «Je me rappelle qu'ils voulaient s'implanter dans le quartier. On m'avait dit qu'un fils de ministre travaillait avec eux. Forcément, le fils de Fabius, ça en jette, ça ouvre des portes ! »,

1. Entretien avec l'une des autrices, samedi 8 avril 2023.

raconte-t-il un sourire en coin. Mais le trio rebrousse chemin, jugeant alors le lieu mal adapté. Deux ans plus tard, en 2006, People and Baby ouvrira une crèche en pied de tour pour les 7000 salariés de Total, à un jet de pierre du local de Karim.

Après People and Baby, en 2005, un autre entrepreneur, originaire de Lyon, entre en scène. Il s'agit de Mathieu Asse, diplômé d'école de commerce et âgé d'une petite trentaine d'années. Il possède déjà une crèche dans la région lyonnaise. Son objectif, c'est de lancer un réseau baptisé Saperlipopette, partout en France, à commencer par les quartiers d'affaires comme Techlid, l'une des principales zones d'activités de la région Rhône-Alpes avec ses 36000 salariés à Champagne-au-Mont-d'Or, mais aussi comme La Défense. «J'avais la fibre entrepreneuriale[1] qui me démangeait», nous confie Mathieu Asse, avec lequel nous nous sommes longuement entretenues au téléphone. Il ajoute : «À cette époque-là, Babilou était en avance sur tout le monde, surtout dans les Hauts-de-Seine mais sinon, nous étions encore tous de petits entrepreneurs». Entre Karim Amara et Mathieu Asse, le courant passe bien. Le bail est signé dans la foulée et des travaux sont entrepris dans le fameux local. L'été approche, les enfants doivent arriver à l'automne. Mais en début d'été, le couperet tombe. La CAF des Hauts-de-Seine refuse d'accorder à

1. Entretien avec l'une des autrices, jeudi 6 avril 2023.

Saperlipopette une subvention de lancement de 400 000 euros. Pour Mathieu Asse, la nouvelle est dure à encaisser.

« C'était le début de l'ouverture du marché au secteur privé et la CAF [s'était] engagée à l'époque sur des tas de projets. Ils avaient des étoiles dans les yeux et à ce moment-là, dans les Hauts-de-Seine, ils finançaient beaucoup Babilou. Il se trouve que mon dossier est passé début juillet et le 30 juin, il n'y avait déjà plus de crédit pour l'année. Résultat : j'ai dû m'asseoir sur les aides publiques pour l'ouverture de la crèche », rappelle Mathieu Asse. Son projet était à peine né qu'il était déjà enterré.

En deux mots, expliquons ici le rôle déterminant de la CAF dans le financement des crèches en France. Les CAF, présentes dans chaque département, sont encore aujourd'hui les premiers financeurs des EAJE. Elles accordent deux types d'aides publiques aux crèches : des aides à l'investissement, accordées pour la construction et la rénovation du bâti, mais aussi des subventions au fonctionnement pour accompagner financièrement la vie quotidienne de la crèche, *via* la PSU. « Grâce à ces aides, le reste à charge des gestionnaires d'EAJE peut être fortement réduit, jusqu'à un niveau pouvant se situer autour de seulement 10 % du coût de fonctionnement dans certains cas[1] », indiquait la CAF elle-même, dans un document sur le sujet, en 2019.

1. « Financement de l'accueil du jeune enfant : des moyens supplémentaires pour créer des places en crèches », CAF, 2019.

Ayant déjà puisé dans ses économies pour mener à bien les travaux de rénovation, Mathieu Asse n'a pas la trésorerie nécessaire pour s'occuper de la gestion de ses deux crèches de Courbevoie et Champagne-au-Mont-d'Or, près de Lyon. Il doit donc changer son fusil d'épaule. Très vite, en accord avec Karim, son bailleur, il réfléchit à confier les clés du local à une autre entreprise. Il est alors contacté par différents acteurs privés parmi lesquels… un couple, Christophe Durieux et Odile Broglin. Mathieu Asse se souvient très bien de sa première rencontre avec eux, et de la très forte impression qu'il avait eue ce jour-là. « On avait parlé projet pédagogique avec Odile Broglin et comme souvent, dans la petite enfance, il y avait beaucoup de marketing. On avait l'impression que les enfants allaient être au paradis, explique-t-il, avant de poursuivre : J'ai trouvé Durieux très bon. Il m'a expliqué ce que pouvait être un modèle de gérance et il m'a convaincu. L'idée, c'était qu'il développe commercialement mes deux établissements tout en gardant la marque Saperlipopette bien apparente. Il m'a aussi mis une pression assez forte car à l'époque, les groupes étaient récents et comptaient peu de crèches. Donc récupérer deux crèches présentait un intérêt certain pour tous les acteurs », nous éclaire-t-il encore. Avec le recul, le petit entrepreneur se dira aussi que les évènements se sont déroulés de façon un peu trop rapide. « Tout est allé vite, très vite. Christophe Durieux n'a pas lâché le morceau et a été très habile pour mener la négociation», soupire Mathieu Asse. Concernant la crèche de La Défense, un contrat de sous-location entre Saperlipopette et People and Baby est donc signé le 31 octobre 2006 pour dix ans, jusqu'en 2016. À Champagne-au-Mont-d'Or, Mathieu Asse étant propriétaire du site, People and Baby devient locataire. Les ennuis peuvent commencer.

Sur le plan de la gestion du site, Mathieu Asse, qui est parti travailler entre-temps comme salarié dans une autre entreprise de crèche, n'a guère de nouvelles de Christophe Durieux. Mais sur le volet financier, «les rapports étaient très compliqués, rapporte-t-il. Il demandait systématiquement de diminuer la redevance, ce que j'ai parfois accepté.» Pendant ce temps, People and Baby se développe, multiplie les ouvertures d'établissements en France et devient l'entreprise importante que l'on connaît. À Courbevoie, Odile Broglin et Christophe Durieux, qui gèrent déjà une crèche dans la tour Total, ouvrent en 2011 une nouvelle structure située à 200 mètres de celle de Mathieu Asse, près de la station Total sur le boulevard circulaire. Puis, court-circuitant Mathieu Asse, ils contactent Karim Amara pour le convaincre de récupérer le bail de la place des Reflets, tout en tentant de baisser le loyer. Leur proposition est refusée par l'intéressé. «Ils ont essayé de me la faire à l'envers», balance aujourd'hui Karim Amara. Rien d'illégal au demeurant, mais des méthodes sans ménagement.

À quelque 500 kilomètres de là, à Champagne-au-Mont-d'Or, le couple Broglin-Durieux demande dans le même temps à la CAF du Rhône des subventions d'investissement pour « étendre leur activité », disent-ils à l'organisme public et ouvrir une structure de 20 berceaux à moins de deux kilomètres de la crèche qu'ils louent à Saperlipopette. La CAF ne leur accorde pas de financement mais ils commencent quand même les travaux. Alors que le contrat avec Saperlipopette arrive bientôt à échéance, ils prennent aussi contact avec Mathieu Asse pour récupérer le bail de la zone d'activité Techlid, près de Lyon. « Ils voulaient diminuer le loyer et ils m'expliquent que finalement, j'aurais tout intérêt à les leur donner, ces crèches », souligne Asse. La proposition est, une nouvelle fois, rejetée.

Que se passe-t-il ensuite ? Tant à Paris qu'à Lyon, pour Saperlipopette, la situation se corse. Nous sommes en 2016, quelques mois avant la fin des contrats de location – à Champagne-au-Mont-d'Or – et sous-location – à Courbevoie. À ce moment-là, People and Baby arrête purement et simplement de payer ses loyers. À La Défense, quatre mois avant la date prévue du 31 octobre, People quitte le local de la place des Reflets. Avant de partir en vacances d'été, Christophe Durieux prend soin de préparer ses arrières : il indique aux parents que la crèche ferme ses portes définitivement et transfère les enfants à compter de la rentrée de septembre dans l'immeuble Monge, à 200 mètres de là, dans la nouvelle crèche qu'il a ouverte en son nom propre. Subtilité du stratagème : en quittant les lieux plus tôt que prévu, il empêche la reprise immédiate d'une activité sur le site de Mathieu Asse. Et pour cause. Un établissement de crèche inactif pendant quatre mois perd automatiquement les agréments des pouvoirs publics. «En fait, ils ont piqué les bébés», lance David Meas, l'avocat de Mathieu Asse qui résume ainsi les faits : «Ils devaient commercialiser les places de crèche au nom de mon client, ce qu'ils n'ont pas fait et dans le même temps, ils en ont profité pour récupérer la clientèle. Pour mon client, la situation est alors catastrophique. Ils l'asphyxient financièrement.»

Autre site, même sophistication dans la démarche. À Champagne-au-Mont-d'Or, les travaux de sa nouvelle crèche de la zone d'activité n'étant pas encore finis, People and Baby reste sur place mais cesse de payer ses loyers à Saperlipopette pendant un an et demi, malgré les différents avis d'expulsion reçus. La CAF du Rhône, elle, continue bien entendu de leur verser des subventions de fonctionnement sans savoir ce qu'il en est. «Nous n'en avions pas connaissance. Ce que nous savions, c'était ce que People and Baby nous avait dit, à savoir que le propriétaire Saperlipopette ne souhaitait pas poursuivre son activité et reconduire le bail», indique Sandrine Roulet, la directrice adjointe de la CAF du Rhône, responsable des politiques sociales et territoriales.

Après avoir fait perdurer cette situation pendant des mois sans en informer les parents, les gestionnaires de People and Baby partent enfin en mai 2017 dans leur nouvelle structure. Ils prennent soin d'y déménager l'ensemble du matériel, et aussi, une fois de plus, d'y transférer tous les petits clients. « Au tribunal, ils ont expliqué que le marché avait évolué en dix ans. Ils avaient créé des centrales de réservation. Ils disaient donc : les clients peuvent prendre des places dans n'importe quelle crèche, ils sont clients du réseau People and Baby », raconte Mathieu Asse.

Au tribunal, la société People and Baby a fait savoir qu'elle envisageait de racheter à terme les locaux de Saperlipopette et qu'elle disposait par ailleurs d'un bail précaire afin de prendre le temps de transférer son activité. L'entreprise a aussi dénoncé devant le juge des « négociations déloyales » car Saperlipopette lui ayant demandé un prix trop élevé pour acheter les murs, cela aurait finalement fait échouer le rachat. Encore aujourd'hui, quand nous l'interrogeons sur son occupation du site, l'entreprise dément et nous répond : « À l'expiration du bail en région lyonnaise, le propriétaire souhaitait nous vendre ses murs mais nous ne sommes pas parvenus à trouver un accord. »

Assigné par Saperlipopette devant les tribunaux à Paris et à Lyon en 2017, People and Baby a été condamné en première instance et en appel à régler l'ensemble des loyers et redevances impayés, comme en atteste une décision de justice que nous avons consultée. Mais l'affaire est encore en cours pour déterminer avec précision l'ensemble du préjudice commercial et financier causé à Mathieu Asse qui a, depuis, quitté le monde merveilleux de la petite enfance.

Devant un thé à la menthe, dans son restaurant marocain, Karim Amara a fini de se replonger, un poil amer, dans toute cette histoire. « Pour Mathieu Asse, ça a été dur. Ces crèches, c'était pour lui l'équivalent de mon restaurant : son gagne-pain. En dix ans, lui, il n'était plus rien et eux, ils étaient devenus très gros. » Les familles, elles, n'y ont vu que du feu et ont pu continuer à faire garder leurs enfants près de leurs bureaux, quelques centaines de mètres plus loin. People and Baby – qui n'a pas donné suite à notre demande concernant ce volet de notre enquête – a depuis quitté l'établissement où il avait transféré l'ensemble des clients.

Parti travailler à Dakar, au Sénégal, où nous l'avons contacté, Mathieu Asse continue de louer ses 400 mètres carrés de la place des Reflets. Après Crèches de France, c'est aujourd'hui au tour du groupe Grandir d'accueillir les bébés des cadres qui travaillent à côté. Il paie ses loyers. Mais le PDG de Saperlipopette a abandonné l'idée de créer son propre réseau. Il a raté le coche. Sans grand regret, il semble avoir tiré un trait définitif sur ses projets. À l'heure où nous écrivons ces lignes, après plus de six ans de procédure, il attend en revanche toujours avec une certaine fébrilité de connaître le montant que People and Baby devra lui verser. Avant de raccrocher, au téléphone, il nous a glissé, le ton déterminé : «J'ai juste envie de tourner cette page de ma vie.»

13

« On nous prend pour des vaches à lait »

Postées derrière la fenêtre de notre bus attrapé à la gare routière de Forbach, nous découvrons Behren-lès-Forbach vêtu de ses habits d'hiver. Au début de notre enquête, nous étions loin d'imaginer que cette dernière nous mènerait jusqu'à cette bourgade de Lorraine, sans particularité extraordinaire, nichée contre la frontière franco-allemande. Mais il s'est joué ici une énième affaire emblématique des méthodes de la société People and Baby. Encore elle. À Behren-lès-Forbach, comme à Champagne-au-Mont-d'Or ou à Courbevoie, son passage a laissé des traces. Dans cette petite ville de Moselle, l'entreprise a exploité une crèche pendant dix ans en tentant d'encaisser toujours plus de subventions de la mairie ; elle a fait pression sur la CAF ; elle a lâché en rase campagne des dizaines de parents, leur laissant, pour les mieux lotis, quatre mois pour se retourner, et pour les moins chanceux… moins de quinze jours.

Plusieurs actions en justice ont d'ailleurs été engagées.

En ce mois de décembre, une fine pellicule de neige recouvre les pelouses et glace les trottoirs. L'ancienne crèche People and Baby se trouve entre la mairie et l'église Saint-Jean-Bosco, elle est séparée du reste de la ville par un grillage et une bande d'herbe. Mais seules de fines pattes d'oiseau sont venues tacher le manteau gelé de ce carré de pelouse. Personne n'a fait de boule de neige, personne n'a eu froid aux mains, ni le bout du nez tout rouge. Depuis six mois, pas un enfant n'a mis les pieds dans cette structure aux dimensions taillées pour accueillir 60 petits. Pourtant, deux panneaux plantés l'un à côté de l'autre déroutent ceux qui s'aventurent ici : le premier montre le visage souriant d'un bébé qui annonce : « Ici crèche, places disponibles ». Le second, plus discret, affiche un numéro de téléphone et une information qui contredit son voisin : « Locaux disponibles ». Une consultation des offres immobilières du secteur sur Internet nous en donne confirmation : la crèche des Berlingots est bien à vendre, au prix de 700 000 euros, elle « peut convenir à un usage médical ou de bureaux ». Naïvement, on s'interroge : il n'y aurait donc plus d'enfants à garder à Behren-lès-Forbach ? La raison de cette fermeture est plutôt à trouver dans la gestion désastreuse des finances de la crèche.

Dès le départ, l'arrivée de People and Baby dans la région, au début des années 2010, apparaît comme une anomalie, une erreur de parcours. Nous l'avons vu, notre enquête nous a démontré que les groupes de crèches privées, pour assurer leur rentabilité, préfèrent s'installer dans les métropoles, dans les grandes villes, à proximité d'entreprises désireuses de fidéliser leurs salariés. Dans cette carte qui se dessine dans notre esprit, le cas de Behren-lès-Forbach se révèle rapidement comme à part, singulier.

La ville compte 6 500 habitants. Parmi eux, 85 % vivent dans les longues barres HLM disséminées dans toute la commune et parmi ces 85 % de locataires de logements sociaux, 30 % sont des ayants droit des mines. Ces dernières, dont la fermeture s'est étalée entre 1980 et 2010, ont modelé le paysage et l'histoire de la région mosellane, une des plus pauvres du pays. Les anciens mineurs ont pris leur retraite, ils sont devenus grands-parents. Il existe ici une grande solidarité familiale : différentes générations vivent ensemble dans les logements dont le loyer est payé par les anciennes compagnies minières. Dans la ville et ses alentours se devinent des jardins potagers dont la production participe à nourrir la famille. Ici les gens n'ont pas beaucoup de moyens. D'après l'Observatoire des inégalités, Behren-lès-Forbach est la ville la moins riche de Lorraine, avec un taux de pauvreté qui s'élève à 37 %.

Mais qu'est-ce que People and Baby est donc venu faire ici? Son modèle économique repose sur les subventions publiques – notamment l'indispensable aide à l'investissement fournie par la CAF –, mais aussi en grande partie sur la réservation de berceaux par les entreprises ou sur la participation élevée des familles. Or la ville mosellane compte peu de sociétés, exception faite de celles qui sont regroupées dans le technopôle de taille modeste qui la surplombe et qu'elle partage avec les communes voisines.

À cette époque, au début des années 2010, le secteur des crèches privées est encore jeune, la période est propice aux prises de risque. L'année 2012 marque l'arrivée de People and Baby dans la commune. Le projet, d'un montant global supérieur à 1,6 million d'euros, reçoit une subvention d'investissement de la CAF de Moselle d'environ 600 000 euros. Les modulaires sont implantés au cœur de la cité, les équipes sont recrutées, il ne reste plus qu'à accueillir les enfants. Las. Dès le départ, la structure se révèle surdimensionnée. L'entreprise ne trouve pas, ou très peu, de sociétés acceptant de lui réserver des berceaux et elle demande d'emblée à la municipalité de Behren-lès-Forbach de fournir un effort financier important. La mairie accepte de prendre 30 berceaux. Malgré cela, People and Baby doit se résoudre à n'ouvrir, en juin 2012, que 40 berceaux sur les 60 qui étaient initialement prévus. C'est le début des ennuis.

Peu de temps après, le multi-accueil des Berlingots fait l'objet de plusieurs articles dans la presse régionale. « Un bébé mordu et battu par un autre à la crèche de Behren-lès-Forbach[1] », titre par exemple *Le Républicain lorrain*, en décembre 2012. Le contenu de l'article n'est guère rassurant : « Ecchymoses au-dessus et en dessous des yeux, traces de morsures au front, poignet et avant-bras droit, boursouflure de la lèvre supérieure… Le certificat médical en dit long sur les sévices infligés au garçonnet », écrit la journaliste, précisant que les parents de l'enfant, « face à la succession d'aberrations constatée au sein du multi-accueil », ont déposé plainte contre la société. L'affaire n'aura pas de suite. Une mauvaise publicité dont se serait bien passée l'enseigne et qui met une première entaille à sa réputation dans la région.

Le temps passe, la crèche peine toujours à se remplir et, trois ans après l'ouverture, la CAF vient toquer à la porte : « Faute d'avoir trouvé d'autres cofinanceurs, la crèche n'a jamais fonctionné au-delà d'un agrément de 40 places. Il était légitime pour la CAF de solliciter le remboursement d'une partie de sa subvention d'investissement, celle-ci ayant été calculée sur la base d'une crèche de 60 places et non de 40[2] », explique François Dib, l'actuel sous-directeur de l'action sociale de la CAF de Moselle. Bien que n'étant pas encore en poste à cette date, il connaît l'historique, signe que les bisbilles entre People and Baby et les acteurs locaux ont particulièrement marqué les esprits. Selon lui,

1. *Le Républicain lorrain*, 22 décembre 2012.
2. Entretien avec l'une des autrices, 22 février 2023.

l'ardoise de People and Baby s'élève alors à 200 000 euros environ, soit le tiers de la subvention d'investissement. Sollicitée sur ce point, la société cite la convention qui la lie à la CAF et qui concerne «l'octroi d'une subvention pour la création, construction, et l'aménagement d'un établissement de 60 places, ce qui a bien été fait, et peut être vérifié puisque le bâtiment, qui a été exploité pendant dix ans, existe toujours et est accessible». Un détail qui a son importance, nous le verrons.

Les mésaventures s'accumulent, les soucis de gestion aussi. «Sur le plan administratif, le suivi, les factures, c'était un bazar sans nom, se souvient le responsable ressources humaines d'une entreprise qui avait réservé trois berceaux aux Berlingots. Les interlocuteurs changeaient tous les quatre matins. J'en avais assez de devoir gérer quelque chose qui était censé tourner tout seul. Au bout d'un moment, on a décidé de ne plus prendre de berceaux. Ils devaient nous rendre des dépôts de garantie dans les deux ou trois mois mais on n'a rien vu venir, on est partis au contentieux. C'est vraiment une mauvaise expérience administrative[1].»

En 2015 cette fois, c'est la qualité du bâtiment qui fait défaut puisqu'une partie du sol du modulaire de la cuisine s'effondre. Il n'y a pas de blessés, fort heureusement, mais l'événement laisse des traces. La structure vivote. Cet épisode conduit

---

1. Entretien avec l'une des autrices, 19 décembre 2022.

petit à petit les élus de Behren à mettre le nez dans les affaires de la crèche. Précisons que l'équipe municipale a entre-temps changé de bord politique. Les élus découvrent alors qu'ils paient pour 30 berceaux mais que leurs administrés n'en occupent que 17. Ils finançaient aussi les berceaux des autres, estiment-ils, ceux des villes voisines, où les mairies n'ont pris aucun engagement financier. C'est le début d'un bras de fer qui aboutira à la fermeture de la structure, en juin 2022. Car lorsque la ville décide de descendre à vingt places, les relations se tendent.

Nous sommes à la fin de l'année 2017 et la ville accepte de payer un prix annuel de 6 850 euros par berceau. En 2020, quand elle annonce qu'elle veut à nouveau réduire ses réservations, à 17 berceaux, People and Baby sort un devis plus salé : « Ils nous ont présenté un prix du lit à 10 344 euros précisément, c'est-à-dire qu'ils augmentaient de 3 000 euros chaque berceau. Là, on s'est dit : ils nous prennent vraiment pour des vaches à lait, il faut arrêter[1], se remémore Erika Bongini, la directrice générale des services (DGS) de Behren. On a dit stop, on arrête ce marché et on va voir comment on peut fonctionner autrement. » Dans un courrier envoyé aux parents le 24 février 2022, que nous avons pu consulter, l'entreprise réfute à l'époque toute hausse faramineuse des prix : « Notre tarif est resté le même que précédemment en incluant l'inflation

1. Entretien avec l'une des autrices, 16 décembre 2022.

des salaires imposée par l'évolution du Smic des professionnelles de crèche», se défend People and Baby.

Nous rencontrons Erika Bongini dans son lumineux bureau, à l'étage de l'hôtel de ville. Le regard franc, les cheveux clairs coupés court, la DGS porte un pull aux couleurs vives, ses collègues ayant eu envie de participer à la Journée internationale du pull de Noël. Les bureaux se vident, les vacances scolaires commencent. Puisqu'elle n'a plus d'enfant à la maison, elle dit s'être dévouée pour assurer la permanence. Tout comme elle semble l'avoir fait quand il s'est agi de gérer la «crise People and Baby». Car la décision de la municipalité de ne pas reconduire le marché a été suivie d'une réaction immédiate de l'entreprise. «Quand ils ont eu l'information que nous dénoncions le marché, ils nous ont envoyé un courrier daté du 16 février pour nous dire qu'à compter du 1er mars, donc douze jours plus tard, ils n'accueilleraient plus du tout les familles de Behren. Mais ils nous ont précisé qu'ils continuaient à accueillir les autres jusqu'à fin juin!» s'indigne-t-elle, en reprenant ses notes et son dossier épais comme un dictionnaire. De son côté, l'entreprise assure alors, dans le courrier envoyé aux parents le 24 février, qu'elle a tenté de «trouver une issue favorable pour tous» en demandant au maire de Behren-lès-Forbach de reconsidérer sa décision ou de reconduire la réservation de 20 berceaux jusqu'à fin juin.

Côté parents, on s'affole. «Je me suis dit : OK, comment on fait? J'ai des horaires postés, je ne peux pas m'absenter de mon travail et mon mari est ambulancier, on ne peut pas récupérer le gamin… On a tous commencé à paniquer[1] », se souvient Naïma, aide-soignante, dont le fils est alors âgé de deux ans. Chanceuse, la quadragénaire habite la ville voisine d'Œting, à quatre kilomètres de là. Elle dispose donc d'un délai de quatre mois pour se retourner. « Mais les parents de Behren n'avaient même pas quinze jours ! C'était une punition, c'est comme ça que je le vois », commente-t-elle, résumant le sentiment général.

Elle raconte aussi une anecdote qui donne le ton du cynisme dont a fait preuve l'entreprise : « Vous avez vu le panneau "À vendre" sur la crèche ? Ils l'ont mis au mois d'avril, alors que les enfants étaient encore à l'intérieur », ajoute-t-elle. Cynisme que dénonce également, de manière plus policée mais claire, le sous-directeur de l'action sociale de la CAF. « Il est regrettable pour les parents utilisateurs, ainsi que pour le bon développement de leur enfant, que le préavis avant fermeture de la crèche ait été aussi court. Il est regrettable que le préavis ait été encore plus court pour les parents de la commune », commente François Dib.

Et le responsable de la CAF de révéler la proposition de l'entreprise. « Il est aussi regrettable que le groupe ait conditionné la poursuite de l'activité de six mois supplémentaires à l'obtention d'une dérogation de la CAF, visant à l'annulation de sa dette,

1. Entretien avec l'une des autrices, 15 décembre 2022.

ce que nous avons refusé, pointe-t-il encore. L'obtention de cette dérogation aurait profité financièrement, non pas au groupe People and Baby, mais à la SCI qui portait le projet immobilier.» C'est-à-dire à une des nombreuses sociétés civiles immobilières, la SCI les Optimists, créée aux noms des dirigeants Christophe Durieux et Odile Broglin.

Pourquoi est-ce important? Cela signifie que les locaux ayant abrité la crèche les Berlingots ne font pas partie du patrimoine de la société People and Baby mais de cette SCI. Quand le bâtiment sera vendu, le montant de la transaction viendra enrichir la SCI et ne sera peut-être pas réinjecté dans le développement de l'entreprise, dans la qualité d'accueil des enfants ou dans la revalorisation du travail des professionnelles.

Cette histoire fait écho aux différentes motions adoptées par plusieurs conseils d'administration de la CAF ces derniers mois et que nous avons pu consulter. En Ille-et-Vilaine, dans le Doubs, en Ardèche, dans le Vaucluse, les administrateurs regrettent le fait que les subventions d'investissement attribuées par la CAF soient conditionnées au maintien d'une activité de crèche pendant dix ans dans les locaux. Ensuite, le propriétaire peut décider d'en faire tout autre chose sans rembourser cette subvention. «Notre institution risque d'encourager des opérations d'investissement opportunistes dont les bénéficiaires sont à la recherche de plus-values immobilières à moyen et long termes. Même lorsque les opérateurs semblent désintéressés, il y a là un effet d'aubaine pour le moins contestable», observent par exemple les administrateurs de la CAF du Vaucluse. En l'occurrence, à Behren, il ne s'agit pas d'une bonne affaire pour la SCI. Ce que ne conteste d'ailleurs pas le groupe : «Il est difficile de penser qu'un investissement immobilier dans cette zone géographique, cumulé aux pertes d'exploitation pendant dix ans et dont le résultat factuel est une perte totale de 2 223 000 euros, visait à profiter de fonds publics», nous répond People and Baby.

Dans leurs motions, les administrateurs départementaux des CAF demandent *a minima* que le délai de poursuite d'une activité crèche soit étendu à plus de dix ans, pour limiter cet «effet d'aubaine». Ils sont ici rejoints par le HCFEA : «En matière d'aides à l'investissement, la croissance du nombre de micro-crèches constituées de deux sociétés, l'une sous forme de société civile immobilière, achetant les murs de l'établissement, et l'autre gérant la structure, pose question. Faut-il limiter les aides à l'investissement pour ces micro-crèches constituées de deux sociétés[1] ?», s'interroge le rapport paru en mars 2023.

Rappelons que la crèche des Berlingots a fermé dix ans après son ouverture, que le projet avait bénéficié d'une subvention d'investissement de la CAF de l'ordre de 600 000 euros, et que le groupe

1. «Vers un service public de la petite enfance», HCFEA, mars 2023.

a tenté, à plusieurs reprises, de faire payer toujours plus la municipalité de Behren et sa population précaire.

« Sur des territoires comme le nôtre, où il y a peu de moyens, les familles ont des bas revenus et ne peuvent pas payer beaucoup d'heures de garde, je dirais que l'entreprise va forcément être déficitaire, analyse la DGS. Donc elle sollicite les communes, mais qui sont elles-mêmes pauvres. Au bout d'un moment, on ne peut pas pallier les problèmes financiers d'une société privée. » Erika Bongini répond ici à la communication agressive de l'entreprise auprès des familles. Dans le courrier daté du 24 février 2022 que nous avons consulté, People and Baby critique en effet « une décision purement politique » et soutient que la ville a agi ainsi pour « pénaliser » l'entreprise mais aussi les parents. « Nous restons dans l'incompréhension de ce désengagement politique qui pénalise tant de familles souhaitant simplement le meilleur pour leur enfant et se rendre au travail sereinement », écrit People and Baby, qui se targue aussi, dans cette missive, de bénéficier d'un soutien et d'un accompagnement de la CAF, en omettant de préciser que l'administration lui réclame le remboursement d'une somme de 200 000 euros et refuse d'effacer cette dette contre un délai supplémentaire avant la fermeture. Pour comprendre, nous nous sommes tournées vers la CAF : « De 2015 à 2022, People and Baby nous jurait qu'il allait ouvrir la structure à sa capacité maximale de 60 berceaux et qu'il n'y avait donc pas lieu de rembourser», explique François Dib, le responsable de la CAF, qui nous indique avoir récemment donné à l'entreprise «l'échéance ferme et définitive de juin 2023[1]» pour s'acquitter de sa dette.

Nous avons contacté People and Baby pour connaître son analyse de ce qu'il s'est passé à Behren. Aujourd'hui encore, la société explique que la responsabilité de la fermeture est à trouver du côté de la municipalité. Puis elle dément, dans un premier temps, avoir une dette envers la CAF de Moselle. Quand nous insistons un peu, l'entreprise finit par reconnaître que cette dernière lui a bien demandé «un remboursement partiel de la subvention de cette crèche, pourtant validée, contrôlée et payée en 2012». Et d'assurer qu'une missive destinée à la CAF partira bientôt pour expliquer comment cette structure a été un gouffre financier pour People and Baby alors même qu'elle «a accueilli selon les années jusqu'à 71 familles en moyenne sur des contrats en temps partiel».

D'après les témoignages que nous avons recueillis, la bonne ambiance de l'établissement et la qualité des professionnelles des Berlingots n'étaient pas du tout remises en cause par les parents qui étaient heureux d'y déposer leurs enfants. Mais la brutalité de la fermeture a laissé une empreinte durable dans la région. «Le dernier jour des enfants de Behren a déchiré tout le monde, se souvient

1. Entretien avec l'une des autrices, 24 avril 2023.

Naïma. Les parents pleuraient, les pros pleuraient, les petits pleuraient, ils ne comprenaient plus rien. Ensuite on a continué comme ça jusqu'à juin. Mais deux professionnelles ont fait une dépression, on ne les a plus vues à partir de début mars. Le dernier jour, on a fait une fête d'adieu. People and Baby n'a pas compris qu'on était comme une famille. »

14

« La mairie n'a plus rien à gérer »

Quand People and Baby a brusquement annoncé la fermeture de la crèche des Berlingots, la municipalité de Behren-lès-Forbach a accompli ce qui peut s'apparenter à un miracle : en six mois, elle a monté une crèche de 25 berceaux et en a confié la gestion à une association locale. En deux temps, trois mouvements, l'ancienne école maternelle a été remise à neuf, une nouvelle équipe a été embauchée et les tout-petits ont donc pu faire leur « rentrée » dans ce nouvel équipement dès le mois d'octobre qui a suivi. Précisons quand même que la rapidité de la fermeture a conduit les uns et les autres, notamment les services de la PMI et de la CAF, à mobiliser toutes leurs forces pour aider la ville à trouver une solution alternative.

Pour une collectivité locale, monter une crèche peut en effet s'avérer fastidieux et coûteux. Selon des données collectées par l'Igas, en 2016, le coût d'investissement par place nouvelle était de l'ordre de 47908 euros dans une crèche gérée par une commune, alors qu'il était de 20410 euros dans une structure privée et de 25035 euros dans une structure associative[1]. Les mairies cherchent donc un équilibre entre leurs finances, qui ne cessent de s'amoindrir, et la satisfaction des électeurs, en matière de politique de petite enfance. Un maire remettant son mandat en jeu tous les six ans, la sanction venue des urnes peut être rapide. Particulièrement dans les communes prisées des jeunes couples, on ne compte plus les promesses de création de places de crèches faites pendant les campagnes électorales. Autorisée depuis 1993, la mise en place des DSP s'est rapidement imposée comme un outil apprécié des élus, depuis qu'elle est applicable au champ de la petite enfance. Si le recours aux DSP n'est pas massif, puisqu'il concernait environ 700 établissements sur 12000 en 2017[2], il s'étend sur tout le territoire. Cela permet aux élus de compléter leur offre de places en crèche, en s'économisant des soucis de gestion et de ressources humaines. Et en économisant tout court, au passage.

Pour faire simple, lorsqu'une ville veut passer un équipement en DSP, elle lance un appel d'offres en donnant ses critères et en pondérant leur importance afin de sélectionner celui qui deviendra son délégataire. Le coût de revient est souvent un des

1. *Revue des dépenses publiques*, Igas, 2017.
2. « La délégation de services des crèches, une “super nanny” qui séduit », *La Gazette des communes*, 4 septembre 2017.

premiers critères pris en compte. «Je ne veux pas faire du buzz là-dessus mais au global par année, oui, ça coûte moins cher», nous confie le maire d'une ville cossue du nord de l'Île-de-France, qui a passé contrat avec People and Baby pour la gestion de ses crèches publiques. Les confinements successifs, avec les fermetures de crèches qui ont suivi, en sont l'illustration : «Ça nous a permis d'économiser autour de 430000 euros sur deux ans, calcule l'élu. Bien sûr, je ne souhaite pas que l'épidémie de Covid reparte ou qu'on ait d'autres catastrophes, mais bon. En cas de difficultés, c'est l'entreprise qui assume.»

Les entreprises de crèches ont compris ce que les élus attendaient d'elles. Elles aussi visent l'équilibre entre offres alléchantes et coûts maîtrisés. Il y va de la rentabilité de leur société, alors que certaines, comme La Maison bleue, ont une clientèle constituée pour deux tiers de collectivités locales. La directrice générale du groupe, Claire Laot, l'assure : «Une collectivité fait son cahier des charges qui est extrêmement précis et auquel on doit répondre de façon tout aussi précise.» Mais, dans le même temps, elle ajoute que son groupe arrive avec «une proposition de note de fonctionnement» précisant l'organisation interne. «Mais si elle ne correspond pas, nous ne sommes pas choisis», ajoute-t-elle.

Une de nos témoins travaille justement dans une crèche d'Île-de-France, passée sous drapeau Maison bleue, il y a moins de cinq ans. Comme elle y exerce toujours, Nadia insiste pour ne pas être reconnaissable puis accepte de nous décrire ce qui a changé, de l'intérieur. L'auxiliaire de puériculture a travaillé pendant une quinzaine d'années dans plusieurs crèches municipales, elle a donc de l'expérience. Et elle est catégorique : bien sûr, assure-t-elle, avec une DSP, « la mairie n'a plus rien à gérer » et cela lui permet de faire des économies, exemples à l'appui : « À l'époque de la mairie, deux agents venaient nettoyer les locaux tous les matins avant l'ouverture, explique Nadia. Mais on nous dit que ça coûte trop cher alors maintenant, on a un agent polyvalent qui fait aussi les repas et le ménage quand elle peut. Elle a un diplôme de CAP petite enfance, comme ça, elle peut être comptée comme s'occupant des enfants. »

Concernant le personnel, Nadia, dont le salaire lié à son expérience et à son statut de fonctionnaire territorial équivaut à « celui de deux petites jeunes », a récemment vu débarquer dans sa crèche des salariés non diplômés, comme l'autorise le décret de l'été 2022, qui permet aux gestionnaires de faire appel à du personnel sans diplôme ni expérience de la petite enfance. « On a eu une aide-soignante en gériatrie, qui s'est rapidement mise en arrêt maladie. On a aussi eu une ancienne employée de fast-food mais elle parlait de manière vulgaire aux enfants alors son contrat n'a pas été renouvelé », poursuit l'auxiliaire de puériculture, qui a fait les comptes : au global, le nombre de salariées présentes dans la crèche est resté le même mais le nombre maximal d'enfants accueillis lors d'une journée est passé de 20... à 26. C'était un des objectifs fixés par le maire de la commune, lors du passage en DSP. Nous avons retrouvé une interview dans laquelle l'élu le justifie par des horaires d'ouverture trop réduits et par le nombre d'enfants accueillis, trop faible à son goût, au regard des demandes des familles. « Mais bien sûr, les locaux n'ont pas bougé ! » prend soin de préciser Nadia.

Davantage d'enfants accueillis, cela veut dire davantage de familles facturées et davantage de subventions versées au gestionnaire, et, dans le cas de la crèche de Nadia, sans qu'il ait embauché de personnel supplémentaire. Dans une autre structure de la commune où exerce Nadia, également reprise par Maison bleue, seules des titulaires d'un CAP petite enfance ont pendant un temps fait tourner la crèche. La direction du groupe ne conteste pas que ce phénomène existe. « Oui, malheureusement, ça peut arriver, pour des raisons qui ne sont pas organisées, nous a répondu Claire Laot, et quand ça arrive, on fait en sorte que ça ne dure pas. » Si cela n'est « pas organisé » comme l'indique la direction de La Maison bleue, cela permet au groupe de réaliser des économies.

Nous l'avons constaté en nous penchant sur l'histoire récente et tourmentée d'une grosse structure bordelaise, la crèche Mirassou. Elle est située dans le quartier Nansouty à Bordeaux (Gironde) et compte 60 berceaux. En 2016, La Maison bleue obtient la gestion de la crèche, jusque-là effectuée par Babilou, après que la ville a relancé l'appel d'offres. Mais au printemps 2018, des parents sonnent l'alerte : en un an et demi, plus de 25 auxiliaires de puériculture et agents petite enfance ont quitté le navire[1] et les enfants sont complètement déboussolés. Une ancienne salariée témoigne dans la presse régionale du «sous-effectif permanent» et des «arrêts maladie non remplacés». Le siège de La Maison bleue se fait rassurant, expliquant qu'une nouvelle directrice vient d'être nommée et qu'il faut lui laisser le temps de s'installer.

Mais un rapport d'activité de la crèche Mirassou, sur l'année 2019, tempère cette approche rassurante du dossier. Détaillé, le document, que nous avons consulté, met d'abord en lumière le fait que La Maison bleue n'a pas respecté le taux d'encadrement prévu à la signature du contrat. L'équipe devait être constituée de 21,5 équivalents temps plein (ETP) ; or, la crèche a fonctionné avec quasiment l'équivalent d'un poste en moins (– 0,8 ETP) sur l'année, «ce qui est acceptable au regard des difficultés à recruter des employés dans le secteur de la petite enfance», mentionne le rapport. Il relève également «un *turn-over* important» avec huit départs de salariés, qui s'ajoutent donc aux 25 constatés par les parents, entre 2016 et 2018. Concernant le pourcentage de salariés diplômés, là encore, il y a un décalage : l'équipe compte en effet

1. «Crise de confiance à la crèche Mirassou», *Sud-Ouest*, 17 mai 2018.

51 % de diplômés, « ce qui est supérieur à l'exigence réglementaire de 40 % mais inférieur à l'engagement contractuel de 54 % ».

Poursuivons la lecture de ce rapport jusqu'au chapitre des « éléments financiers ». Sans surprise, les charges de personnel pour 2019 sont moins élevées qu'attendu, la différence entre le prévisionnel et le réalisé s'établissant à plus de 143 000 euros. Une économie liée aux salaires et aux charges patronales qui n'ont pas été versés, ainsi qu'à divers allégements de charges prévus par la loi (notamment le crédit d'impôt pour la compétitivité et l'emploi, le Cice).

Nous découvrons ensuite le montant des « frais de siège » facturés par l'entreprise à la mairie de Bordeaux. Ces frais correspondent à la rémunération du gestionnaire et à une participation au fonctionnement de la maison mère et sont dits « frais de support ». En 2019 toujours, la rémunération du gestionnaire s'élevait à 7 761 euros et les frais de support, à plus de 75 000 euros, au lieu des 20 000 inscrits dans les comptes prévisionnels. « Cela n'a, en aucun cas, une influence sur le montant de la participation que la ville de Bordeaux verse à l'exploitant car elle est définie contractuellement, sur la base des comptes prévisionnels », prend soin de préciser le rapport. À quoi correspond cette somme ? Nous avons posé la question à la direction de La Maison bleue. Cette année-là, explique-t-elle, « la création d'une direction régionale a engendré des coûts supplémentaires » et

« cette différence a été entièrement à la charge de La Maison bleue ».

Sans se prononcer sur le cas de cet excédent constaté en 2019, Fannie Le Boulanger, adjointe Europe Écologie Les Verts au maire, chargée de la politique de la ville, de la petite enfance et de la parentalité, résume le sentiment d'impuissance auquel les élus peuvent être confrontés :

« Les entreprises doivent nous rendre tellement de comptes qu'on suit la gestion au millimètre. Mais le problème, ce n'est pas tant d'avoir les informations ! Une fois que vous voyez que la crèche fait *x* bénéfices à la fin de l'année, vous vous dites : ce n'est pas normal, la crèche dysfonctionne, il y a du *turn-over*, les familles ne sont pas contentes. Et ensuite ? [...] Si les contrats sont mal ficelés, s'il n'y a pas de pénalités derrière l'obligation, les communes sont démunies[1]. »

Dans le cas de la crèche Mirassou, la DSP arrivant à échéance, la municipalité – qui a changé de bord politique en 2020 – a lancé un nouvel appel d'offres, remporté par une entreprise de l'économie sociale et solidaire. Dans le cahier des charges établi par la mairie, la réponse aux critères de qualité comptait pour 75 % dans la décision et les critères de coût, pour 25 %. La ville a également inscrit dans le contrat une « clause sur les bénéfices raisonnables », selon un calcul compliqué qu'elle a

1. Entretien avec l'une des autrices, 16 novembre 2022.

mis au point : si l'excédent brut d'exploitation (EBE) de la structure est considéré comme trop élevé, la crèche doit en reverser une partie à la mairie. « Notre idée n'est pas d'avoir plus d'argent dans nos caisses, explique Fannie Le Boulanger. Notre but, c'est que les gestionnaires sortent d'une logique de bénéfice à tout prix et qu'ils se disent : si on génère plus de bénéfices cette année, on va les réinvestir dans la structure, pour acheter du matériel ou créer un poste de plus ou améliorer les conditions de travail. »

L'élue estime que les filiales essaient de faire remonter le plus d'argent possible à la maison mère *via* ces frais de siège.

« Tout ce qui est mutualisé : sur la formation, la pédagogie, les RH, les finances… est valorisé par les frais de siège, c'est-à-dire que la société mère fait payer ses prestations à la filiale. Le nerf de la guerre, c'est qu'ils ne fassent pas remonter trop de frais. Donc on leur demande de s'engager sur un modèle économique, sur une gestion vertueuse, et s'ils essaient d'augmenter les frais de siège par exemple, on va avoir une pénalité pour les en empêcher, détaille encore l'élue à la petite enfance. Mais c'est aussi à nous, dans les villes, de monter en compétence, et notamment sur les contrats complexes. »

On pourrait considérer Fannie Le Boulanger, engagée à gauche, et ses collègues bordelais comme de doux rêveurs, comme des idéologues lancés dans une croisade contre le capitalisme, ses bénéfices et ses dérives. Mais le dernier rapport de l'Igas, paru en avril 2023[1] et abondamment commenté, tient peu ou prou le même discours et vise les mêmes objectifs. « La transparence financière des groupes vis-à-vis des financeurs publics doit être renforcée, en particulier par une obligation de transmission de la clé d'imputation des frais de siège et des prestations afférentes à ces frais », écrivent les inspecteurs, qui réclament donc eux aussi que chaque groupe dise explicitement ce qu'il met derrière cette appellation peu précise de « frais de siège » ou « frais de direction ». Ils proposent même, dans leurs recommandations, que « le niveau des frais de siège » fasse l'objet d'une contractualisation spécifique de la branche famille de la CAF. Ce qui aurait le mérite, *a minima*, de ne plus alimenter les soupçons.

Dans le même rapport, l'Igas ne s'inquiète pas seulement du manque de transparence financière à l'œuvre dans les groupes dont il est ici question. Elle pointe également les « offres anormalement basses » faites par le secteur marchand, en réponse aux appels d'offres des collectivités.

À la crèche Mirassou de Bordeaux par exemple, le coût du berceau proposé par La Maison bleue s'établissait entre 3 000 et 3 500 euros par an. Ici ou là, nous avons trouvé d'autres données : 4 500 à 6 000 euros pour des berceaux La Maison bleue à Lagnieu (Ain) en 2017 ou encore 8 000 pour des

1. « Qualité de l'accueil et prévention de la maltraitance dans les crèches », Igas, avril 2023.

places déléguées chez LPCR d'Ermont (Val-d'Oise) en 2018. Dans la seule ville de Boulogne (Hauts-de-Seine), qui compte près de dix crèches gérées en DSP, les coûts moyens par berceau oscillaient entre 3983 et 8271 euros par an, en 2021, en fonction des prestataires.

Des tarifs défiant toute concurrence, sur lesquels ne peuvent s'aligner les associations, qui remportaient les contrats jusqu'à l'irruption du secteur privé lucratif. « Entre 2012 et 2021, l'évolution du coût de revient des établissements marchands qui bénéficient d'un financement communal est en effet anormalement faible, puisqu'il connaît une augmentation de 0,9 %, contre 5,7 % pour les crèches d'entreprise, 15,8 % pour les établissements associatifs, et 20,9 % pour les établissements communaux, tandis que les dépenses des communes à destination de ces établissements diminuent de 26,6 % », écrivent les inspecteurs de l'Igas. Et de s'alarmer des conséquences de ces offres low cost sur la « capacité des entreprises à assurer dans le temps un accueil de bonne qualité », notamment concernant le respect du taux d'encadrement légal.

Dans les équipements qu'elles gèrent pour le compte des villes, pointe l'Igas, les entreprises de crèches s'assurent une rentabilité faible, au prix d'offres commerciales basses, qu'elles vont compenser grâce à leurs crèches d'entreprise, où la rentabilité peut s'avérer astronomique, nous le verrons.

Les crèches en DSP feraient alors office de vitrines pour des groupes qui aiment soigner leur image. Le maire (sans étiquette) du Raincy, une ville bourgeoise de Seine-Saint-Denis, assure être régulièrement courtisé par les entreprises de crèches : « Ils nous disent qu'ils sont les meilleurs du monde, bien sûr[1], raconte Jean-Michel Genestier, qui a passé contrat avec People and Baby pour la gestion de trois crèches. L'idée pour eux, c'est de planter le drapeau dans une ville qui brille alentour, c'est une guerre commerciale. » Quand nous le rencontrons, cet ancien cadre en entreprise devenu maire en 2014, au terme de près de quarante ans d'engagement au sein du conseil municipal comme adjoint, nous explique avoir été séduit par « l'apprentissage de la langue des signes » et « les conversations en anglais » proposés par le groupe de Christophe Durieux et Odile Broglin. « Je recherche l'innovation et tout ce qui va permettre le meilleur développement possible de l'enfant avant son entrée en maternelle. C'est vraiment un élément très important pour moi », se justifie le maire.

Deux mois après cette entrevue, Jean-Michel Genestier a été pris à partie par un de ses élus d'opposition au sujet de sa politique petite enfance. Nicolas Rondepierre (divers droite) avait récupéré des photos d'enfants mangeant sur des coussins, dans le couloir de la crèche Anne-Frank, car des infiltrations et des moisissures avaient été retrouvées sur un mur de la salle des repas, à cause d'un

1. Entretien avec l'une des autrices, 14 novembre 2022.

défaut d'étanchéité de la toiture[1]. Se sont ensuivies une visite inopinée des services de la PMI et une mise en demeure d'effectuer des travaux d'urgence. Nous avons alors contacté les deux parties, la municipalité et People and Baby, mais il nous a été difficile de comprendre précisément leurs responsabilités respectives quant à l'entretien du bâti. Chacun s'est renvoyé la balle, dans une partie de ping-pong dont nous n'avons pas identifié le gagnant.

Ce qui est censé être clairement négocié à l'élaboration du contrat ne semble pas toujours l'être, au détriment de la qualité du bâtiment et des enfants qui y sont accueillis.

«Les investigations de la mission [...] font apparaître des points de risque concernant les établissements vieillissants, en particulier dans les établissements publics et associatifs, relève l'Igas en avril 2023. L'aménagement intérieur des structures doit également constituer un point de vigilance. La possibilité de préserver dans les espaces intérieurs des zones de motricité et d'expérimentation, et des lieux calmes, de façon à prévenir une surstimulation des enfants, est un élément essentiel de la qualité de l'accueil.»

Au Raincy, une maman que nous avons interrogée ignorait que des enfants avaient temporairement

1. «Le Raincy : après la découverte de moisissures, la crèche Anne-Frank surveillée de près», *Le Parisien*, 1er février 2023.

mangé dans le couloir à cause des problèmes d'étanchéité de la toiture de la crèche. En revanche, elle avait bien repéré le va-et-vient des camionnettes d'artisans devant la structure, après la diffusion des photos de moisissure sur les réseaux sociaux. « On les a vus faire des travaux tous les soirs et le week-end, ils n'ont pas traîné, sourit-elle. Quand j'ai vu ces photos, j'ai continué d'emmener mon enfant à la crèche mais je n'étais pas tranquille. Je n'avais pas le choix, il fallait que j'aille travailler. »

15

« Essayez de voir avec votre comptable, peut-être ? »

À Lyon, la rue Saint-Maximin ne compte qu'une poignée de commerces et un seul café, fermé le week-end. Le quartier, plutôt résidentiel et familial, se réveille difficilement en ce froid samedi matin de décembre où quelques rares passants s'aventurent dehors. Mais les portes ouvertes de la crèche bilingue Charlie-Chaplin de People and Baby ne commencent que dans quelques minutes. Il sera toujours temps de s'y réchauffer.

L'opération se tient au même moment dans différents établissements de « People », à Lyon, et c'est une « occasion unique de venir découvrir l'univers des crèches, le projet pédagogique et échanger avec les équipes », clame depuis plusieurs jours sur les réseaux sociaux l'entreprise de Christophe Durieux et Odile Broglin. Appâtées par cette opportunité, nous avons appelé dans la semaine pour annoncer notre présence, déclinant notre identité mais ne précisant ni notre véritable profession, ni la raison de notre déplacement. Dissimuler notre métier de journaliste, la méthode n'est ni habituelle ni confortable mais elle nous semblait impérative, ce jour-là, pour pouvoir être acceptées dans les lieux et considérées comme des clientes ordinaires. Si nous avions confié la vraie raison de notre venue, nous aurions pris le risque d'essuyer un refus ou nous voir dérouler un discours bien différent, destiné aux journalistes. Nous sommes donc devenues, l'espace de deux heures, une travailleuse indépendante, Parisienne déménageant à Lyon avec compagnon et enfants, en quête d'un mode de garde dans la plus grande urgence. Ce profil étant *a priori* plutôt habituel, il n'a pas paru suspect.

En cette matinée blafarde, la crèche où nous nous rendons fait donc figure d'écrin lumineux et accueillant dans la grisaille de la grande ville. Dès notre arrivée, l'équipe au grand complet nous entoure de ses sourires, proposant chocolat chaud et friandises. On s'y sent bien. Des ballons rouges sont accrochés aux murs. Du gâteau marbré est joliment disposé dans des assiettes. Cette crèche multi-accueil de 40 berceaux a ouvert neuf mois auparavant, en mars 2022. Sur la page Internet, il est bien indiqué en rouge, à la manière habituelle des sites de réservation de voyages : « 3 places sont encore disponibles ! » L'endroit, flambant neuf, ne pouvait que séduire les mères que nous étions, stressées à l'idée de ne trouver ni nounou ni crèche acceptant d'accueillir une fillette de deux ans pour les mois à venir.

Une salariée se propose pour nous faire visiter les lieux. Nous nous enthousiasmons devant la taille des pièces, la présence d'une cour extérieure permettant de faire jouer les enfants dehors mais aussi par des jeux lumineux et « salles d'éveil » qui n'existent pas dans la plupart des établissements que nous avons pu visiter. En passant devant la cuisine, on nous informe que « tout est bio ». « Pour l'instant, on se fait livrer les repas mais il y aura bientôt un cuistot », précise l'auxiliaire de puériculture qui ouvre la marche. Dans la salle des tout-petits, des livres en anglais sont disposés négligemment, de-ci, de-là. « On ne les force pas, hein ! rassure la guide avant de préciser : Pas besoin de connaître déjà l'anglais quand ils arrivent. Ils apprennent très vite. » Devant notre air surpris, elle précise qu'elle prend actuellement des cours d'anglais, ce qui vient entretenir une forme de confusion sur ses aptitudes réelles. Un peu plus tard, elle lancera aussi en riant, ce qui nous semblera contradictoire : « Moi, je suis trilingue, français, anglais, arabe ! »

Qu'à cela ne tienne, bilingue ou pas, cette crèche, à proximité de notre nouvel appartement, semble être l'endroit parfait pour notre enfant. Retournant à l'accueil, nous manifestons bien entendu notre intérêt et sommes immédiatement confiées aux mains expertes d'une personne se présentant comme la commerciale de l'équipe, une femme blonde habillée en rouge. Avant même de s'intéresser à l'âge, au sexe ou au prénom de l'enfant, elle s'enquiert des professions des parents, la nôtre et celle du père. Nous précisons « autrice indépendante » pour l'une de nous et salarié au Centre national de la recherche scientifique (CNRS) pour le père. Mais à la mine déconfite de notre interlocutrice, nous comprenons vite que le « profil ne correspond pas », comme disent les recruteurs.

« Réserver des berceaux dans des crèches pour ses salariés, le CNRS ne fait pas ça, dit-elle. Si vous voulez avoir une chance d'avoir une place, il faut voir avec vos entreprises respectives. Ici, c'est une crèche interentreprise. Les entreprises paient 10 000 euros à l'année pour le berceau puis les parents payent le complément de la CAF », détaille-t-elle. Nous soupirons, l'air affligé : « Mais toutes les crèches fonctionnent comme ça, à Lyon ? », interrogeons-nous. « Oui, dans les villes, maintenant il y a les crèches municipales et les crèches entreprises, c'est comme ça », répond la commerciale. Elle nous précise pourtant qu'une maigre lueur d'espoir s'offre à nous : les parents peuvent payer « librement » s'il reste quelques places malgré tout mais ça revient vraiment plus cher, glisse-t-elle sans pour autant préciser le montant. Nous demandons enfin pourquoi leur site précise qu'il reste des places si ce n'est pas le cas. « Ce n'est que pour les entreprises ! » nous répond une fois encore notre interlocutrice avant de prendre congé. En nous orientant vers la sortie, elle nous glissera quand même à l'oreille, toujours souriante : « Essayez de voir avec votre comptable, peut-être ? Selon vos dépenses, ça peut peut-être passer ! » Un peu humiliées, nous sortons, estomaquées autant par sa dernière suggestion – elle pense donc que les travailleurs indépendants disposent tous d'un comptable ! – que par la brutalité de cette situation qui interdit à certains salariés d'avoir accès à des places de crèche pour leurs enfants.

Cet hiver-là et le printemps qui suit, nous sommes recontactées plusieurs fois, par mail et par téléphone, par une commerciale de People and Baby, cherchant à savoir si nous avons trouvé une place en crèche à Lyon, nous proposant des places « sans financement entreprise ». Il faudrait donc pouvoir débourser la somme de 1 500 euros minimum par mois en ne confiant son enfant que quelques jours par semaine.

« Sans financement entreprise » ou « financement libre » signifie que la crèche fixe elle-même le tarif de la place : elle va donc combler le manque à gagner du financement entreprise par une augmentation du prix proposé au particulier. Selon la taille, l'emplacement de la structure mais aussi le nombre d'heures de garde par semaine, ce prix « à la carte » peut varier de 1 500 à 2 000 euros par mois en moyenne, sachant que la CAF verse alors aux parents une aide substantielle (jusqu'à 623 euros par mois selon leur revenu) permettant d'amortir le coût. Cette aide s'appelle Complément mode de garde (CMG). Au final, et malgré l'aide de la CAF, l'addition est quand même plus salée pour les familles en « financement libre » qu'avec un financement entreprise. Nous l'avons vu précédemment, elles prennent par ailleurs le risque que leur enfant soit renvoyé de la crèche en quelques semaines si un parent doté d'un contrat entreprise se présente aux portes de l'établissement.

Nous venions de mettre le doigt sur un aspect important du fonctionnement des crèches en France : avec l'essor des établissements privés, seuls les salariés de certaines entreprises ont aujourd'hui un accès privilégié à des places près de chez eux, moyennant des tarifs décents. Les autres n'ont qu'à changer d'emploi ou bien gagner au Loto.

C'est en effet grâce à des contrats signés avec des entreprises qu'à compter de 2004, les crèches comme Crèche Attitude, Babilou ou encore People and Baby ont pu se développer si rapidement en France. Si certaines, comme Crèche Attitude à Orly avec ADP, ont commencé en 2006 à ouvrir sur les sites mêmes des entreprises, très vite, l'idée a plutôt été de créer des établissements dits «inter-entreprises» accueillant les enfants à proximité des bureaux. «Pour les sociétés qui signent des contrats avec les crèches privées, ça leur permet de mettre en avant en interne la qualité de vie au travail et de fidéliser leurs salariés. Les salariés, eux, ça les maintient au moins trois ans sur place. Qu'ils soient cadres ou ouvriers, ils sont ravis. Pour eux, c'est un sacré avantage. Tout le monde est donc content [1]», nous raconte cette ancienne

1. Entretien avec l'une des autrices, 1er décembre 2022.

commerciale qui a vendu aux entreprises des places de crèche pour le compte de LPCR pendant deux ans. Le système gagnant-gagnant ainsi décrit bénéficie autant aux salariés qu'aux entreprises. Ces dernières réservent des berceaux à prix d'or, entre 8000 et 20000 euros par an selon les régions. Elles sont moins regardantes sur le prix que les communes qui signent des DSP car elles ont en général davantage de moyens. Les crèches qui leur sont proposées sont souvent plus récentes et les locaux sont plus présentables que ceux des crèches municipales et associatives au bâti vieillissant mais, rappelons-le, cela ne veut pas dire pour autant que les enfants sont mieux accueillis par les professionnelles, ni que les promesses commerciales y sont respectées. Et les entreprises se voient proposer en contrepartie par les pouvoirs publics un outil intéressant : le Cifam.

Adopté en 2003, dans le cadre de la conférence de la famille, le Cifam vise à encourager les entreprises à engager des dépenses pour les salariés, en permettant à ces derniers de faire garder leurs enfants de moins de trois ans. Objectif : leur permettre de mieux concilier vie professionnelle et familiale. Le Cifam, qui est plafonné à 500000 euros par an par entreprise, consiste donc à faire bénéficier toute société qui le souhaite d'un crédit d'impôt de 50 % des dépenses engagées pour la création de places de crèches et de 25 % des dépenses engagées dans le cadre d'un chèque emploi service universel (Cesu) – pour une garde à domicile, par exemple. Babilou, lui, signe son premier gros contrat en 2006 avec L'Oréal. La même année, à La Défense, Total opte pour People and Baby pour ses 7000 salariés. Chaque ouverture est un petit événement. Peu à peu, les entreprises, notamment les plus grosses qui disposent d'une trésorerie importante, s'engouffrent dans la brèche. En 2017, dans un rapport, l'Igas estimait que près de 70 % des places de crèche ouvertes dans le secteur marchand l'avaient été grâce au financement des entreprises.

Les premières années, les établissements s'installant à proximité immédiate des lieux de travail, cela implique que les petits prennent la voiture ou les transports en commun matin et soir avec leurs parents. Les journées sont longues et fatigantes. Rodolphe Carle, le PDG de Babilou, a alors l'idée de créer, en 2009, des places de crèche pour les entreprises près du domicile des parents. Peu à peu, à partir de cette date, un nouveau concept voit le jour : celui de « réservation de berceaux » pour les entreprises dans des établissements près du domicile des salariés. Aujourd'hui encore, c'est le modèle dominant.

Du côté des gestionnaires privés, ouvrir des crèches pour les grandes entreprises est lucratif : celles-ci réservent des places par groupes de 10 ou de 20, à des tarifs parfois élevés et la plupart du temps, sans rechigner. « Quand on s'appelle L'Oréal et qu'on fait trois milliards de profit chaque année, on ne va pas s'amuser à vouloir réduire les coûts des crèches de ses salariés. On sait très bien que ça peut abîmer notre réputation. Alors on consacre un budget important à la petite enfance», décrypte un opérateur de crèches privées. Dans son rapport de 2017, l'Igas explique que le modèle de crèche avec «employeur réservataire» pourrait être à l'avenir «celui privilégié par les opérateurs privés de crèches. Il leur permet vraisemblablement d'atteindre des niveaux de rentabilité de l'ordre de 40 % du chiffre d'affaires par place». Et de pointer du doigt le rôle des pouvoirs publics : «Ces niveaux de rentabilité, largement supérieurs à la rentabilité commerciale des autres opérateurs économiques, sont obtenus à l'appui d'une forte mobilisation des pouvoirs publics», souligne encore l'Igas.

Chez L'Oréal, justement, l'entreprise, qui propose aujourd'hui 200 places de crèches à ses salariés partout sur le territoire, assume mettre les moyens et ne pas vouloir s'embêter avec des dysfonctionnements.

«Nous n'achetons pas un berceau comme on achèterait un produit matériel. On a besoin d'offrir un service de qualité qui ne se résume pas à un prix, éclaire Emmanuelle Liévremont-Janicot, directrice santé et qualité de vie au travail chez L'Oréal. L'objectif, c'est de contractualiser avec des opérateurs de confiance. Ce sont eux qui ont la responsabilité de leur structure, du projet pédagogique et de la manière dont ça va se passer au quotidien. Nous, nous ne sommes pas des spécialistes de la petite enfance, donc on leur fait confiance[1] », précise-t-elle.

Une aubaine pour Babilou, La Maison bleue et consorts qui ont pu se permettre de pratiquer des tarifs plus élevés avec les « contrats entreprises » qu'avec les communes, allant jusqu'à 20 000 euros la réservation annuelle de berceau. Résultat : la France s'est peu à peu retrouvée quadrillée, surtout dans ses grandes agglomérations, de crèches privées destinées aux enfants de salariés. Dans un second rapport[2], en 2021, l'Igas estimait à plus de 12 000 les entreprises à « bénéficier d'un crédit d'impôt de 130 millions d'euros ». Quand des menaces ont plané sur l'existence du Cifam, comme en 2020 dans le projet de loi de finances 2021, les gestionnaires de crèches privées sont vite montés au créneau, se fendant de communiqués alarmistes, annonçant la disparition prochaine de 80 000 places de crèche en France. La mesure n'a jamais vu le jour.

De fil en aiguille, toutes les entreprises, petites et grosses, s'y sont donc mises. Côté opérateur de crèches privées, on s'est vite mis en ordre de marche. Ces systèmes de « réservation de berceau » impliquent donc que des commerciaux démarchent, territoire par territoire, des entreprises potentiellement intéressées et réfléchissent à l'ouverture de

1. Entretien avec l'une des autrices, 22 février 2023.
2. *Revue des dépenses socio-fiscales en faveur de la politique familiale*, Igas, 2021.

nouvelles crèches. Pour les besoins de cette enquête, nous sommes entrées en contact avec plusieurs d'entre eux. Contrairement aux femmes travaillant sur le terrain au contact des enfants, les commerciaux qui ont accepté de nous parler s'estiment plutôt satisfaits de leurs missions, et bien payés.

«La Maison bleue, c'est une entreprise qui sait récompenser ses commerciaux quand ils font des belles ventes, ce qui fait qu'il n'y a pas de plafonnement de commissionnement. Vous pouvez donc aller chercher des salaires qui sont très hauts quand vous gagnez des gros marchés, nous explique ainsi Kevin[1], qui s'est occupé des «grands comptes» à La Maison bleue, donc des contrats avec les plus grosses entreprises. C'est vous qui faites votre tambouille : vous faites des rapports pour savoir si la crèche va être rentable. Pour que la CAF accepte l'ouverture d'une crèche, il faut que vous ayez *a minima* 50 % de précommande de berceaux. C'est-à-dire que pour ouvrir une crèche de vingt enfants par exemple, il faut que vous ayez une lettre d'intention d'entreprise qui s'engage à prendre dix berceaux, poursuit Kevin. Les grands groupes comme Allianz ou Microsoft ont une politique liée à la parentalité. Chez eux, la petite enfance, ça se compte en plusieurs millions d'euros, ce qui rend parfois le cycle de vente plus complexe, politique.»

1. Le prénom a été modifié.

Pour Kevin, comme pour Adeline[1], une quadragénaire qui a depuis quitté le salariat pour monter sa propre structure, le « business » consistait notamment à permettre à leurs crèches de s'installer dans des régions encore vierges de tout établissement à destination des jeunes enfants.

«Je prends le cas d'Annecy. Vous voulez ouvrir une crèche à Annecy parce que vous vous dites que vous allez pouvoir faire du business, il y a un bassin d'emploi, vous allez pouvoir placer des enfants, eh bien vous allez démarcher les entreprises du coin en leur disant : est-ce que vous, ça vous intéresse? Vous devez ratisser le territoire, aller jusqu'à la boulangerie du coin», raconte Kevin. Commerciale salariée au sein du groupe Grandir-LPCR, Adeline s'est, elle, occupée d'aller « chasser » des entreprises de taille modeste, de zéro à dix salariés. Il arrivait même qu'elle doive informer ses interlocuteurs de l'existence du dispositif du Cifam. « En général, ces petites entreprises découvraient qu'il y avait un crédit d'impôt dont elles pouvaient bénéficier. C'est un peu de la défiscalisation déguisée, on ne va pas se mentir, c'est tout à fait ça ! Mais du coup, même les petites entreprises pouvaient être intéressées car elles fidélisaient leurs salariés », poursuit-elle.

Aujourd'hui, l'accès facilité aux places de crèches privées n'est plus l'apanage des seuls

1. Le prénom a été modifié.

salariés de grands groupes. Paul-Édouard Souchon en a fait l'amère expérience en 2018 lorsqu'il a croisé la route de l'entreprise People and Baby.

Paul-Édouard Souchon est père de famille, par ailleurs comptable dans une société de laveries automatiques qui regroupe une quinzaine de salariés. Faute d'avoir obtenu une place en crèche municipale, il jette son dévolu sur une crèche People and Baby rue Daniel-Stern, à Paris (15e), juste à côté de son domicile. « Quand j'ai vu le prix, je me suis dit : ah, quand même ! C'était 20 000 euros par an hors taxes pour l'entreprise, en plus de l'argent déboursé par les parents ! Je me suis dit que c'était hors de prix[1] », nous confie cet homme consciencieux, habitué aux chiffres et aux calculs. Malgré le montant prohibitif du berceau pour sa petite entreprise, le comptable se décide à en parler à sa direction qui lui oppose un refus net. « Les 20 000 euros, il fallait quand même les sortir ! », reconnaît le salarié, compréhensif. « Au pied du mur », selon son expression, Paul-Édouard qui travaille depuis plusieurs années dans cette PME se décide néanmoins à négocier avec la direction des ressources humaines et parvient à trouver un arrangement. « Mon entreprise accepte car je suis en bons termes avec elle. De toute façon, je n'avais pas d'autre solution », lance ce quadragénaire au langage châtié que nous rencontrons dans une brasserie, près de son lieu de travail.

1. Entretien avec l'une des autrices, 14 décembre 2022.

Paul-Édouard n'a pas hésité une seule seconde avant d'accepter de nous rencontrer. Au téléphone, il semblait soulagé de nous parler. Il attendait ce moment depuis quatre ans. Il est donc ravi de pouvoir enfin se libérer de cette histoire face à une journaliste. Pour nous aider dans notre travail, il nous a même confectionné un épais dossier jaune où il a placé, en homme organisé, tous les échanges de mails et l'ensemble des documents attestant ses propos. Il nous le confie ce jour-là, comme un trésor.

En septembre 2018, Paul-Édouard Souchon a donc signé un contrat entreprise – que nous avons consulté – avec People and Baby dans une crèche située près de chez lui, dans le quartier animé et familial de la rue du Commerce. Il n'aurait jamais pu se douter de la suite des événements. Une semaine après avoir signé son contrat, Paul-Édouard se rend à l'hôpital Necker pour un contrôle médical de routine avec sa fillette de dix mois, qui a souffert d'une légère malformation cardiaque à la naissance. Or, lors de la consultation, le médecin lui déconseille formellement de mettre sa fille en crèche. « Même si elle est guérie, c'est encore trop tôt », assène le pédiatre qui lui transmet un certificat médical permettant d'expliquer la situation. Le comptable retourne alors à la crèche pour annoncer la mauvaise nouvelle. Réponse de People and Baby : « Le contrat est signé, c'est trop tard. Relisez-en les termes. » Sur ledit contrat, il est en effet écrit noir sur blanc qu'en cas de désistement, la famille devra s'acquitter de six mois de frais de garde et perdra le chèque de dépôt de garantie de plus de 3 340 euros. Paul-Édouard fait ses calculs : « Ma fille n'avait pas mis un pied dans cette crèche et on me réclamait donc plus de 15 000 euros ! », s'étouffe-t-il encore.

Le salarié refuse de se laisser faire. Il tente à de multiples reprises de faire valoir la situation exceptionnelle dans laquelle il se trouve, au regard du problème de santé de sa fille. Il va jusqu'à écrire un mail au PDG de People and Baby dont il a réussi à récupérer l'adresse par un client de sa laverie. L'homme se présente comme une bonne connaissance de Christophe Durieux. « Il était allé à l'université avec Durieux et il m'a donné le mail personnel de son copain de fac avant de me confier : "De toi à moi, c'est un homme qui n'a aucun sentiment." Il m'a pourtant conseillé de lui écrire. Je me suis exécuté. J'ai raconté mon histoire, les problèmes de santé de ma fille, le fait que je me sente très mal à l'aise vis-à-vis de mon entreprise qui devait débourser cette somme si importante… ».

Christophe Durieux n'a jamais répondu à Paul-Édouard Souchon. À la place, le comptable a reçu un mail du directeur juridique de People and Baby lui demandant de payer la somme en question.

Les mois ont passé et près d'un an plus tard, la laverie automatique a reçu une lettre d'huissier réclamant le fameux dû. Le litige s'est achevé devant le tribunal de commerce de Paris, en 2022. Assignée, la laverie automatique a dû payer le montant des factures, comme le stipulait le contrat qui avait été signé quatre ans auparavant. Bénéfice net pour People and Baby : 15 000 euros. Pour Paul-Édouard Souchon : des mois de colère. « J'ai la rage. À aucun moment ils n'ont eu un mot pour la santé de ma fille, ils ne se sont préoccupés de savoir si elle allait bien, lance-t-il encore. C'est pognon, pognon, pognon… » cingle le père de famille. À l'époque, sa compagne n'a pas repris le travail comme elle l'espérait après la naissance de son enfant. Heureusement, l'année suivante, la fillette allant mieux, elle a obtenu l'autorisation de son médecin d'être accueillie en collectivité et la famille Souchon a alors eu la chance d'obtenir une place en crèche municipale. Elle est désormais à l'école maternelle. Contacté, le service communication de People and Baby ne se souvient pas de la procédure qui l'a opposé à Paul-Édouard Souchon et son entreprise de laverie automatique : « Nous n'avons pas connaissance de procédures mettant en cause People and Baby. Pour rappel, la sécurité et l'accueil des jeunes enfants, tout comme l'éveil pédagogique sont notre priorité », nous fait-on savoir dans un mail en forme de communiqué. Ironie du sort, Paul-Édouard Souchon passe encore à pied tous les matins, pour se rendre au travail, devant la fameuse crèche.

16

« Ça, les financiers n'en savent rien ! »

Qu'est-ce qu'un fonds d'investissement ? L'imaginaire collectif le réduit souvent à une société domiciliée dans les quartiers d'affaires des plus riches mégalopoles du monde, peuplée de femmes et d'hommes puissants, qui manipulent des millions, quand ce ne sont pas des milliards, et qui veulent réduire toujours davantage les coûts des entreprises, afin d'en tirer un maximum de bénéfices. Monde de fantasmes, monde méconnu, opaque. Nous sommes arrivées à ce stade de notre enquête, pleines d'interrogations et d'hypothèses. À quel point le secteur privé de la petite enfance ressemble-t-il à celui du grand âge ? Disons-le vulgairement, « se fait-on du fric » sur le dos de nos bébés, comme certains l'ont fait sur celui des personnes âgées ? Rappelons l'onde de choc que les révélations du journaliste Victor Castanet, dans son livre *Les Fossoyeurs*, ont provoqué : ainsi, certains maltraitent nos aînés, les laissent dans leurs couches sales, rationnent leur alimentation, tout ça pour verser toujours plus de dividendes aux actionnaires des entreprises. Si cet ouvrage a tant bouleversé la société, c'est notamment parce qu'il révélait l'existence d'un système organisé, chez le gestionnaire privé Orpea, afin d'enrichir une poignée de décideurs grâce à l'argent public. Nous l'avons écrit en préambule : de nombreux témoins nous ont encouragées à continuer notre enquête pour dénoncer un scandale qu'un père de famille des Yvelines nommait, en avril 2022, « l'Orpea des tout-petits ».

Mais qu'en est-il réellement ? Quels sont les liens qu'entretiennent les entreprises de crèches avec le monde de la finance ? Contrairement à certaines entreprises du grand âge, les groupes de crèches ne sont pas cotés en Bourse. La porte-parole de la FFEC Elsa Hervy, bravache, aime répondre, lorsque des députés ou des professionnels de la petite enfance lui demandent combien Babilou, LPCR et La Maison bleue ont versé de dividendes à leurs actionnaires : « Zéro[1]. » En revanche, ces trois acteurs ont pour point commun d'avoir fait appel à des fonds d'investissement pour accélérer le développement de leur entreprise, quelques années seulement après s'être lancés. Après avoir brièvement tenté l'aventure, les dirigeants de People and Baby, eux,

1. Propos tenus lors du Printemps de la petite enfance, 20 mars 2023.

ont finalement emprunté pour reprendre 100 % des parts de leur entreprise.

Un fonds d'investissement, aussi appelé fonds de placement, est une société qui investit du capital dans des projets, capital qu'il va collecter auprès d'investisseurs publics ou privés, en leur promettant une coquette plus-value. Les compagnies d'assurances, les banques constituent des investisseurs recherchés. Les particuliers sont rares, certains fonds exigeant des tickets d'entrée minimums à plusieurs centaines de milliers d'euros. Il existe plusieurs sortes de fonds, par exemple ceux qui sont dits « à impacts », qui vont mettre en avant de hautes valeurs sociales ou environnementales, ou encore ceux que l'on qualifie d'« agressifs », qui vont chercher une forte rentabilité parce qu'ils ont pris un gros risque. C'est un petit monde, très fermé, dans lequel la réputation compte ; les « deals » peuvent parfois être annoncés dans la presse financière mais le montant des transactions y est souvent tenu secret. Bienvenue dans l'univers du *private equity*, ou capital investissement.

C'est en 2008 que la première opération de *private equity* va concerner la petite enfance : cette année-là, Babilou s'associe avec Alpha Partners, une société de gestion basée dans le 17e arrondissement de Paris, qui va injecter, en deux temps, 15 puis 25 millions d'euros dans l'entreprise. D'autres fonds ont ensuite investi dans la structure qui, douze ans plus tard, change d'échelle : les frères fondateurs décident de céder la majorité du capital à un autre fonds d'investissement, Antin Infrastructure Partners. À cette date, en 2020, le groupe Babilou Family, dont Rodolphe Carle est toujours le président du conseil d'administration, est valorisé à 1,5 milliard d'euros.

Quant au groupe Grandir-Les Petits Chaperons rouges, il s'est rapproché du fonds Infravia, en 2021. L'entreprise affiche alors un chiffre d'affaires de plus de 400 millions d'euros. Avant cela, la banque Rothschild et Five Arrows puis le fonds Eurazeo et la BPI étaient successivement entrés au capital. La Maison bleue, enfin, compte Towerbrook et la BPI parmi ses actionnaires minoritaires.

Ces ouvertures de capital étaient, à écouter le récit des fondateurs, indispensables au développement de leurs groupes de crèches.

« Dès le départ, nous avons eu beaucoup de demandes, à la fois de villes qui voulaient déléguer et d'employeurs. Mais si vous ne comptez que sur l'État, ça ne fonctionne pas. Les aides à l'investissement représentent environ 40 % pour l'ouverture d'une crèche, a détaillé Jean-Emmanuel Rodocanachi, le PDG de LPCR, quand nous l'avons rencontré. La banque vous prête 10 %, comment vous faites pour les 50 % restants ? […] Au départ, j'ai fait venir quinze copains qui ont chacun mis un petit ticket […]. Puis un de nos banquiers nous a dit : je connais un investisseur professionnel qui peut vous aider à accélérer votre croissance. »

Ayant eu une première expérience professionnelle comme banquier d'affaires, et notamment dans des sociétés de capital-investissement, Jean-Emmanuel Rodocanachi disposait, on l'imagine, également d'un solide carnet d'adresses. « Une entreprise, elle fait ça ou elle se met en Bourse. Notre secteur n'a rien à voir avec la Bourse donc on fait avec des capitaux privés », explique-t-il encore.

Rodolphe Carle, le cofondateur de Babilou, a lui aussi évoqué le moment où il a fait entrer un fonds au capital de son entreprise, en 2008.

« De mon expérience passée, je savais que le plus tard ils arrivent, le mieux c'est, explique-t-il dans un podcast dédié aux entrepreneurs[1], confiant, de manière presque surprenante, ses réticences de l'époque à associer le monde de la finance à : Un métier qui a autant de sensibilité humaine [...]. Par rapport à ce qu'était le monde du *private equity* à l'époque, se justifie-t-il. Il y avait beaucoup de fonds sur un modèle : on investit cinq ou dix millions d'euros et on fonce, on fonce, on fonce. Dans notre métier, il faut y aller mollo, surtout quand tu ne connais pas. » Mais, poursuit l'entrepreneur, avec la crise financière de 2007-2008, « les banques ferment le robinet » et il ne lui reste « plus d'autre choix ».

De leur côté, les sociétés de gestion voient vite leur intérêt à se pencher sur le secteur privé de la

1. *Pause*, podcast d'Alexandre Mars mis en ligne le 24 juin 2021.

petite enfance, à mesure qu'il se développe et s'étoffe. La demande de places en crèche est immense et l'offre est rare. « Les fonds sont attirés par les 6 % de rentabilité nette des crèches privées, par le dynamisme de l'activité et son potentiel de croissance qui est garanti à long terme », note, en 2021, une étude du cabinet Xerfi sur « les défis stratégiques des crèches privées[1] ».

« C'est un business très résilient, abonde une ancienne salariée d'une société de gestion, qui préfère garder l'anonymat. C'est un bon investissement, c'est très rentable. Entre ce que paient les parents, l'État et les entreprises, cela génère suffisamment de *cash* [*sic*] pour que ce soit intéressant pour le fonds. »

L'arrivée des fonds accélère donc fortement la croissance des entreprises de crèches. Elles grossissent, deviennent des mastodontes – même si le terme fait sourire les entrepreneurs –, soit *via* l'ouverture de nouvelles crèches, soit grâce au rachat de structures et de réseaux concurrents. Ces *build-up* comme on dit dans le jargon, autrement dit ces acquisitions, permettent de faire gonfler le chiffre d'affaires dans la perspective du retour sur investissement attendu par les investisseurs. « Quand un groupe rachète une micro-crèche, il l'incorpore, il lui met son enseigne, et elle va prendre de la valeur, décrypte une enseignante en finance à

1. Cabinet Xerfi, « Les défis stratégiques des crèches privées », juin 2021.

l'université. Au moment de la revente, elle sera évaluée plus cher.» Un exemple : en quatre ans, de 2008 à 2012, Babilou est passé de dix-sept crèches à plus de deux cents.

Ce développement tous azimuts n'aurait pas pu se faire sans l'assentiment de l'État, estime un ancien salarié d'un des premiers fonds partenaire d'un des trois groupes de crèches :

« Au départ, nous avons pris un risque sur le fait que l'équipe de dirigeants allait savoir se développer, augmenter le chiffre d'affaires, trouver de nouveaux projets. Mais on a aussi pris un risque réglementaire : ce sont des business qui dépendent d'un cadre juridique et celui-ci peut changer en fonction du bord politique, en fonction de ce que vote l'Assemblée nationale… Certains secteurs d'activité en font les frais, analyse ce fin connaisseur du sujet. Concernant les crèches privées, l'État a eu l'intelligence de se dire : c'est un secteur tout jeune; si dès qu'une entreprise fait un euro de profit, on change la loi pour essayer de le récupérer, on va le tuer dans l'œuf, personne ne nous fera confiance si on est trop instables. Donc on va essayer de construire des entreprises solides et on va maintenir le cadre réglementaire. Le fait est qu'on a désormais les leaders mondiaux.»

Rappelons ici deux évidences : pour un entrepreneur, l'objectif est d'avoir une société rentable et pour un investisseur, la finalité de l'opération est de s'assurer un bon retour sur investissement.

Quand Alpha Partners a revendu ses parts en 2012, après quatre ans passés chez Babilou, il a récupéré environ 2,5 fois sa mise de départ qui était de 40 millions d'euros. Quand Eurazeo a quitté le capital de LPCR en 2021, il a fait ce que le milieu considère comme une belle performance en repartant avec deux fois l'investissement initial[1], placé en 2016. « Ce sont des investissements bons mais pas exceptionnels, commente notre ancien salarié de fonds. Je vois le raccourci qui dit : regardez, les fonds d'investissement se font de l'argent sur le dos des enfants français, mais ce n'est pas le cas. Il y a plus de modération que dans la tech. »

Pour un entrepreneur, faire entrer un fonds au capital, et c'est un point particulièrement important, signifie obtenir de l'argent mais aussi, en contrepartie, accepter que ce dernier participe à la gestion de l'entreprise. C'est tout l'enjeu du pacte d'actionnaires, rédigé en même temps que le contrat est signé. Il contient un certain nombre de décisions, très négociées, que le chef d'entreprise ne peut plus prendre sans l'aval des représentants du fonds. Cela peut être l'approbation du budget, la mise en place, ou non, d'un plan d'intéressement pour les salariés, le rachat ou la cession de filiales, ou encore sa propre rémunération. Selon nos informations, le dirigeant d'un des groupes de

1. « Eurazeo entre en négociations exclusives en vue de céder sa participation dans le groupe Grandir », communiqué, 8 juillet 2021.

crèches ayant fait appel à des investisseurs professionnels avait par exemple accepté, alors que le secteur était en plein boom, que son salaire ne dépasse pas 800 000 euros bruts annuel.

En fonction de la proportion de parts au capital, l'équipe du fonds va observer et évaluer les pratiques en cours dans l'entreprise, elle va essayer de les changer si elles ne lui conviennent pas, si elle ne les trouve pas assez efficaces. La rémunération de l'équipe du fonds se joue également ici, dans les performances de l'entreprise. Nous le constatons, échanger avec des spécialistes nécessite parfois de maîtriser les anglicismes :

« Le fonds va mettre en place des *process*, des systèmes de *reporting* (des outils pour mesurer les performances), s'ils ne sont pas encore en place. Il va favoriser les *build-up*, il va regarder comment mutualiser les coûts et chercher les coûts inefficients, il va poser des questions sur les charges, détaille notre enseignante en finance à l'université. Mais il ne va pas entrer dans les détails des couches et autres. Dire qu'un enfant peut être changé seulement trois fois par jour, ça, les financiers n'en savent rien ! »

Elle nous éclaire également sur la pratique répandue des *management packages* lors de la signature d'un pacte d'actionnaires, c'est-à-dire « un alignement d'intérêts » entre les dirigeants de l'entreprise et le fonds :

« La société de gestion va par exemple demander aux dix gros bonnets de l'entreprise d'investir des sous, une demande assortie d'un beau bonus en cas d'atteinte des objectifs. Ils peuvent devenir très riches, c'est comme gagner au loto. »

Et de défendre aussitôt l'utilité de ces *manpacks* : « Sans ça, sans cet alignement d'intérêts, le fonds va avoir peur d'investir, l'entreprise ne pourra pas racheter d'autres entreprises, elle ne créera pas d'emplois. »

Quand nous l'interrogeons sur les répercussions de tous ces enjeux financiers sur le quotidien vécu dans les crèches, notre interlocutrice botte un peu en touche : « Les fonds permettent de créer beaucoup d'emplois, même si, dans le cas des crèches, je ne connais pas la qualité de ces jobs. Les fonds structurent, ils mettent en place des processus de croissance assez sains, il y a des points positifs, défend-elle, tout en ajoutant : Là-dedans, il y a un processus humain et peut-être institutionnel qui peut dysfonctionner quelque part et faire qu'il y a une énorme pression. » Jusqu'à oublier ce que sont les besoins essentiels d'un tout-petit ?

« Le fonds travaille sur des compétences de haut niveau, je ne l'imagine pas réfléchir à minimiser le nombre de couches, insiste-t-elle. Que cela puisse arriver, parce que des dirigeants savent qu'ils peuvent gagner au loto et qu'ils en ont très envie, ça, ce sont des déviances humaines. »

Que savent les personnels de crèches de ces transactions, de ces montages financiers à plusieurs millions qui s'effectuent au-dessus de leurs têtes ? Rien ou peu de choses. Ce que beaucoup de salariées nous disent en revanche, nous l'avons écrit et réécrit, c'est qu'elles souffrent au quotidien de la dégradation de leurs conditions de travail. « Nous avons le sentiment qu'il y avait moins de pression il y a dix ans, moins de problèmes de recrutement, moins de pression liée au remplissage et à la rentabilité », réagissent des employés de Babilou, qui tiennent à rester anonymes. Nous les avons sondés sur les conséquences de l'arrivée des fonds dans la gestion de l'entreprise. Non, nous disent-ils, « ils ne connaissent pas le montant des plus-values négociées », lorsqu'Antin est entré au capital en 2020, mais rappellent « qu'il s'agit d'un fonds français qui investit dans des activités socio-éducatives ». Travaillant depuis plusieurs années au sein de l'entreprise, ils font cette observation : « La prime de participation versée par rapport aux résultats de l'entreprise nous a permis de toucher des gros montants il y a quinze ans et cette prime a diminué d'année en année jusqu'à maintenant être quasi inexistante... » Mais, poursuivent-ils, « depuis bien longtemps, l'entreprise cherche à investir un maximum pour se développer, ce qui réduit le bénéfice. Et comme la participation est une formule légale liée aux bénéfices de l'entreprise... »

Quand nous rencontrons le cofondateur de Babilou, nous abordons cette question, celle de l'absence de prime de participation pour les salariés, en prenant l'exemple du rachat de Kid's Cool, alors septième réseau de crèches privées en France, par Babilou en 2017. C'est un de ces fameux *build-up* appréciés des fonds d'investissement. Le tableau que nous en a brossé une ancienne salariée s'avère noir : avec ce rachat, nous a-t-elle décrit, les salaires s'en ressentent et le personnel ne touche plus de prime de participation. Ce témoignage pique au vif Rodolphe Carle : « Quand on rachète un réseau, rien que pour la maintenance des locaux, c'est un énorme budget ! Il y a un nombre d'obligations de dingue, dont les petits gestionnaires ne sont même pas au courant. Nous, on arrive, on met le niveau d'exigence, on met plus de staff, on met de l'alimentation bio. Après, oui, il y a moins de bénéfices, on assume », se défend celui qui ambitionne de devenir le leader mondial du secteur, d'ici cinq à dix ans, devant l'Américain Kinder Care[1].

La confiance des fonds dans leurs activités a en effet permis aux groupes de diversifier leurs activités et de s'internationaliser. En 2016, l'investissement de la BPI et d'Eurazeo dans l'entreprise de Jean-Emmanuel Rodocanachi lui a permis de changer d'échelle : de 205 établissements en France, il est

1. Cabinet Xerfi, « Les défis stratégiques des crèches privées », juin 2021.

passé à plus de 650 crèches, mais aussi écoles, en Europe et en Amérique du Nord.

Autre exemple concret : en 2021, un an après que Babilou est passé sous l'étendard du fonds Antin, l'étude du cabinet Xerfi explique qu'il réalise déjà « la moitié de son chiffre d'affaires à l'international », notamment grâce à l'acquisition de Little Sprouts, aux États-Unis (45 crèches) et de deux réseaux néerlandais : Wonderland (30 crèches) et Bloss (200 établissements, pour des enfants de 0 à 14 ans). Aujourd'hui, Babilou est fort de plus de 1 000 crèches en Europe, en Asie, en Amérique. Son site Internet, Babilou Family, est accessible en français, en anglais et en allemand ; une carte du monde permet d'y repérer les implantations du groupe, aussi bien à Singapour qu'en Argentine, en passant par Abu Dhabi. Des résultats qui valent aux frères Carle d'être classés 331e fortune française par le magazine *Challenges*, à l'été 2022, avec une estimation à 350 millions d'euros. Et n'oublions pas le développement de People and Baby dans douze pays du monde, et de La Maison bleue, qui compte plusieurs crèches ailleurs en Europe. Cela illustre l'analyse du cabinet Xerfi, en 2021, qui écrivait que « les marchés étrangers [...] présentent des possibilités de consolidation » et que « certains pays ont des besoins élevés en créations de crèches ». La même étude relevait aussi le développement d'« activités connexes », comme des services d'assistance aux devoirs ou de baby-sitting à domicile.

Ces entrepreneurs se sont rapidement sentis à l'étroit dans leur couloir, ils veulent poursuivre leur expansion. Mais leurs ambitions, et le recours aux outils financiers qu'elles impliquent, génèrent maintenant la plus grande méfiance des administrations de l'État, échaudées par la révélation des maltraitances en Ehpad. « Le secteur des crèches est marqué par la domination de grands groupes engagés dans des stratégies de croissance ambitieuses, par une entrée des fonds de capital-investissement dans l'actionnariat du secteur[1] », relèvent les inspecteurs de l'Igas dans leur rapport datant d'avril 2023. Et d'interpeller directement les pouvoirs publics sur le sujet : « Cette dynamique doit susciter la vigilance de l'État, tant pour les risques de coûts financiers que représente cette dynamique, que pour les exigences de rentabilité qui peuvent lui être associées. » La crainte de voir le scandale des maisons de retraite se reproduire dans les crèches est trop forte.

1. Rapport « Qualité de l'accueil et prévention de la maltraitance dans les crèches », Igas, avril 2023.

17

« Voilà, ça, c'est du lobby »

Quiconque s'est intéressé ces derniers mois, de près ou de loin, au sujet des crèches en France a aperçu sa longue chevelure bouclée, ses prises de position concises et argumentées, ses vibrants plaidoyers pour la qualité d'accueil, le développement des places en France. Pour certains néophytes qui allument leur poste de télévision et écoutent ses propos, Elsa Hervy, la déléguée générale de la FFEC incarnerait à elle seule le monde de la petite enfance, la souffrance des salariés, public et privé confondus. À l'écouter, elle agirait pour le bien public et notamment pour favoriser l'égalité professionnelle entre les hommes et les femmes en développant des places de crèche partout sur le territoire. Si le lobby des crèches privées devait avoir un visage, ce serait donc le sien.

Car pour peser dans le débat et intervenir dans les ministères et toutes les instances de décision, le petit monde des opérateurs privés dispose d'un outil précieux d'influence, méconnu du grand public : sa fédération, la puissante FFEC. Celle-là même, nous l'évoquions, qui s'est déchirée en 2011 lors du départ de People and Baby. Depuis lors, l'ambiance s'est apaisée au sein de cette organisation patronale représentative, qui dispose d'un statut d'association 1901 et ne compte plus parmi ses membres l'entreprise de Christophe Durieux et Odile Broglin mais bien toujours Babilou, le groupe Grandir-LPCR, La Maison bleue et au total, 900 entreprises gérant 62 000 places de crèche au 1er janvier 2023.

Depuis 2017, la FFEC peut donc s'appuyer sur l'efficacité et l'intelligence d'une femme, Elsa Hervy. Le 12 avril 2023, après la publication du rapport accablant de l'Igas sur les risques de maltraitance en crèche, elle apparaît sur le plateau de BFM TV, aux côtés, notamment, de deux mères de famille. Le visage pâle, les yeux cernés, elle prend la parole, l'air grave : «Je suis là pour tenter de rassurer les parents. Toutes ces maltraitances, ces dysfonctionnements individuels, sont des fautes individuelles qui doivent être sanctionnées. Mais le rapport de l'Igas le montre : il y a des difficultés systémiques liées à la pénurie de personnel, liées aux modalités du financement public.» Elle n'aura donc pas un mot sur la responsabilité éventuelle des entreprises privées, leurs méthodes de recrutement, leurs conditions de travail, leur exigence de rentabilité. Elle n'évoquera pas non plus un élément déterminant du rapport de l'Igas : le manque de transparence financière des micro-crèches privées. Ce soir-là, elle est pourtant la seule représentante sur le plateau de télévision de ces entreprises sous les feux de l'actualité.

À peine un mois plus tôt, elle était déjà présente derrière son micro à la tribune du Printemps de la petite enfance, rendez-vous professionnel organisé au ministère de la Santé par le média spécialisé Les Pros de la petite enfance. Le débat de la conférence est animé dans la salle, ce jour-là. La plupart des personnes présentes attendent fébrilement la table ronde où elle est conviée car le sujet est au cœur des inquiétudes et interrogations actuelles : « L'ouverture au privé marchand a-t-elle participé à la dégradation de la qualité d'accueil ? » Le ton d'Elsa Hervy se fait alors plus vif, mordant. Comme d'habitude, elle a travaillé son discours. Ses notes sont discrètement posées sur ses genoux. « Moi, je suis venue vous dire aujourd'hui : stop au *bashing* anti-privé[1] ! » assène-t-elle, sûre d'elle. Plus tard, elle se fait violemment prendre à partie par un membre du public sur les taux de rentabilité des entreprises de crèches. Elle ne s'effondre pas non plus. Comme le roseau, Elsa Hervy plie, mais ne rompt pas. Elle encaisse, pare à toute attaque. Quelques jours plus tard, elle alimente même son compte Twitter d'une courte vidéo du débat, ce jour-là, en prenant soin d'y adjoindre un *hashtag*,

1. Propos tenus à l'occasion du Printemps de la petite enfance, 20 mars 2023.

un mot-clé percutant : Stop au *bashing* des crèches privées.

La politique, les échanges vifs, elle aime ça. Attardons-nous un peu sur son parcours. Cette juriste de formation de quarante-sept ans, criminologue spécialiste du crime français organisé, n'y était pourtant pas destinée. Mais elle est vite tombée dans le grand bain de l'Assemblée et des cabinets ministériels. Pendant ses études, elle devient assistante parlementaire à mi-temps de l'homme de droite Thierry Mariani au palais Bourbon. Entre 2005 et 2007, elle est chargée des relations avec les parlementaires de Nicolas Sarkozy à l'UMP. Elle s'occupe notamment de la communication avec les parlementaires de celui qui deviendra président de la République quelques mois plus tard. «J'ai attrapé le virus[1]», nous glisse-t-elle quand nous la rencontrons, dans le nord de Paris, en pleine journée de grève des transports. Elsa Hervy est réactive. Elle répond vite aux mails, aux SMS, elle accepte les rendez-vous, même impossibles, elle s'organise pour se rendre disponible dans la journée lors des demandes d'interview.

Après avoir travaillé aux côtés du candidat Sarkozy, Elsa Hervy est donc «partie en cabinet ministériel», nous explique-t-elle. Elle devient conseillère parlementaire de Brice Hortefeux, au ministère de l'Immigration, puis rejoint Christian Estrosi, au ministère chargé de l'Industrie. Continuons

1. Entretien avec les autrices, 7 mars 2023.

d'étudier son *curriculum vitæ* car il est intéressant. Elle quitte ensuite la politique. Après un court passage à la Haute Autorité pour la diffusion des œuvres et la protection du droit sur Internet (Hadopi) qui faisait autrefois trembler les pirates du Net, elle rejoint une agence de lobbying. Elle tombe alors enceinte de jumeaux et s'intéresse logiquement à la petite enfance. Cela l'amène à quitter cette agence mais malgré tout, elle y a pris goût. « Ce que m'avait appris le lobbying, c'est que j'avais assez envie de retrouver une structure où je défendrais les intérêts de plusieurs, pas les intérêts d'un seul client », explique-t-elle. Elle prend alors contact avec la FFEC. Le poste de déléguée générale étant occupé, elle accepte d'abord de travailler à La Maison bleue, aux côtés du PDG Sylvain Forestier, sur le sujet des relations institutionnelles de l'entreprise. «J'avais bossé mon entretien», glisse-t-elle. Elle passe alors cinq mois dans des entreprises de crèches « au plus près du terrain à essayer de comprendre comment ça marche ». Travailler, encore et toujours, approfondir le sujet. Quelques mois plus tard, la déléguée générale de la FFEC, Élodie Jacquier-Laforge, devient députée sous l'étiquette du Modem. Nous sommes en 2017 et Elsa Hervy, cette spécialiste de la politique, du lobbying et du plaidoyer, devient alors véritablement la femme de la situation.

Depuis, elle est partout. Elle fréquente les ministères, fait partie du comité de filière « Petite enfance » mis en place par le secrétaire d'État chargé de l'Enfance et des Familles Adrien Taquet pour tenter de résoudre la crise du secteur, intervient à la Cnaf. Là-bas, elle siège au conseil d'administration, où sont entérinées les différentes politiques concernant les crèches dans notre pays, au nom de l'organisation patronale du Mouvement des entreprises de France (Medef). Une double casquette troublante qui n'est pas sans susciter de nombreuses critiques sur un potentiel conflit d'intérêts. Quand on l'interroge sur le sujet, elle développe son argumentaire sans ciller : « À la Cnaf, il y a par exemple l'Union nationale des associations familiales (Unaf) qui siège et pourtant, ils gèrent des crèches [...]. On est plutôt riche de la connaissance du secteur quand on veut décider des choses », déclare-t-elle.

Les personnes qui la croisent au sein de toutes ces instances de décision louent ses qualités. « Elle a une capacité de lobbying assez formidable. C'est son job. Elle fait ça à temps plein. Elle a le temps car elle a été embauchée pour ça[1] », commente Cyrille Godfroy, cosecrétaire général de l'un des seuls syndicats du secteur, le Syndicat national des professionnels de la petite enfance (SNPPE) qui, lui, occupe un poste d'EJE dans une crèche de Moselle.

« Elle a une aisance qui lui permet d'occuper le terrain d'une manière incroyable et à côté de ça, les représentants élus du public, des collectivités

1. Entretien avec l'une des autrices, 23 décembre 2022.

locales comme France urbaine (organisation qui représente l'ensemble des métropoles) ne sont pas aussi actifs qu'elle. C'est vraiment la FFEC qui, au sein de toutes les instances publiques, mène la danse, la dynamique et ça pose question», dénonce le syndicaliste.

Au regard du poids que représente le secteur privé dans le monde des crèches en France – environ 20 % des structures –, l'activité et l'omniprésence médiatique et publique de la FFEC paraissent en effet surprenantes. Paradoxalement, Cyrille Godfroy, plutôt critique vis-à-vis de la privatisation du secteur, continue de couvrir de louanges la porte-parole du privé : «Elle bosse, elle amène des arguments bien étayés. Quand vous avez en face des élus, eh bien ils n'ont pas forcément tout le bagage qu'elle peut avoir.»

À entendre Elsa Hervy dérouler son discours bien rodé, marteler ses arguments, on mesure effectivement la puissance des entreprises de crèche. «Quand on est député, on le voit bien, ce lobbying[1]», observe encore William Martinet, député (La France Insoumise-LFI) des Yvelines depuis 2022 qui, travaillant sur l'essor du secteur des crèches privées, a croisé sa route.

«Quand on s'intéresse à un sujet, en tant que député, on identifie les interlocuteurs, les gens qu'on peut auditionner et on envoie des mails à tout le monde. Avec eux, on avait un rendez-vous

1. Entretien avec l'une des autrices, 14 avril 2023.

dans la semaine. Quand on voit la réactivité de la réponse d'Elsa Hervy, le nombre de personnes qui se déplacent au rendez-vous et la qualité des dépliants et des informations qu'elle vous donne, on mesure bien le poids de la FFEC, assure-t-il. Il poursuit, lucide : Quand on s'est vus, elle a aussi eu un discours très adapté à un député de gauche comme moi. Elle n'a pas essayé de me convaincre que le marché pouvait répondre aux besoins sociaux. Elle m'a dit qu'elle était d'accord avec moi, qu'il fallait investir davantage dans le secteur de la petite enfance», raconte-t-il, un sourire en coin.

Dans les médias, Elsa Hervy navigue aussi comme un poisson dans l'eau. Inonde les rédactions de communiqués aux intitulés percutants, prend le temps de décrypter pour le journaliste novice les subtilités économiques du secteur de la petite enfance, plus complexe qu'il n'y paraît. Elle devient tout en finesse une «personne ressource» qui éclaire autant qu'elle commente tout en donnant discrètement son avis sur la situation. Et face aux députés qu'elle a longtemps côtoyés dans sa jeunesse, on l'a vu, Elsa Hervy maîtrise les codes.

Résultat : les acteurs de crèches privées ont l'oreille attentive des pouvoirs publics. «Quand, dans le projet de loi de financement de la Sécurité sociale de 2020, on envisage de réduire les Cifam aux entreprises, la FFEC est vent debout. Le projet est retiré dans la foulée», observe encore Cyrille

Godfroy, au SNPPE. Avant chaque élection importante, la présidentielle de 2017, les législatives de 2022, la FFEC publie un « livre blanc », avec des « propositions simples, qualitatives et peu coûteuses » permettant de développer l'accueil en crèche. Envoyés aux candidats, ces fascicules pédagogiques sont parfois lus par les candidats, hommes et femmes politiques qui en reprennent certaines idées à leur compte. Lorsque nous le rencontrons dans son bureau, le maire (Les Républicains) du 17e arrondissement de Paris Geoffroy Boulard évoque spontanément les arguments de la FFEC. Ces idées semblent trouver un certain écho en lui : « En France, la FFEC dit qu'on demande beaucoup de surface, dans les crèches, alors que les petits Allemands, les petits Italiens, ils n'ont pas autant de mètres carrés et ils sont très bien dans leur peau [...]. Sans être pour une trop forte libéralisation qui peut être dangereuse, il y a quand même des carcans administratifs auxquels il faut être attentif », fait-il savoir. Peu à peu, les idées de la FFEC infusent dans l'esprit des journalistes, des élus, et par ricochet, de l'opinion publique. Le lobbying fait son effet.

Le terme « lobby » apparaît régulièrement en couverture des journaux et des magazines. Il y aurait donc le lobby du vin, le lobby de la chasse, le lobby du tabac, mais aussi celui des crèches privées. Le mot s'est souvent invité dans nos discussions. Évoqué parfois à voix basse, mais aussi de façon plus directe et assumée, le sujet est sans cesse revenu.

En France, rappelons que la pratique du lobbying est moins ancrée et encadrée que dans les pays anglo-saxons. Il faut attendre la première loi sur la transparence de la vie publique, votée en 2013 après l'affaire Cahuzac, pour qu'une définition soit formulée. Celle-ci précise enfin les contours de cette pratique : « Est un représentant d'intérêts toute personne agissant pour le compte d'une société commerciale, d'une société civile, d'une entreprise publique, d'une association, d'une fondation, d'un syndicat ou d'un organisme professionnel et ayant pour activité principale ou régulière d'influer sur la décision publique. »

Le pouvoir d'influence des acteurs privés de la petite enfance s'exprime sous différentes formes. Au sein même des entreprises, le poids de la communication et de l'entregent pèse. Des lobbyistes peuvent ainsi être embauchés, dans le cadre de missions, pour tenter de remporter un contrat, faire valoir tel ou tel intérêt, jouer de leur bagout ou de leurs affinités personnelles.

Nous évoquions précédemment ces commerciaux, employés par les opérateurs de crèches privées pour démarcher les entreprises et collectivités locales partout sur le territoire, les informer, le cas échéant, des différents outils existants comme le Cifam et ainsi mieux « vendre » des berceaux, à des tarifs parfois élevés, jusqu'à 20 000 euros la réservation annuelle. L'un d'eux, Kevin[1], s'est

1. Le prénom a été modifié.

occupé pendant près de deux ans pour l'entreprise La Maison bleue des « grands comptes », les plus lucratifs. Or, pour décrocher ces gros contrats, Kevin pouvait bénéficier de l'aide d'une « personne d'influence », dit-il. « Il pouvait y avoir des *deals* [*sic*] où on avait des gens d'influence qui nous aidaient. C'est du *networking* [*sic*] : quand vous avez un très bon ami qui connaît très bien le PDG de telle boîte, c'est toujours plus facile de lui dire : "On a fait une offre, regardez-la bien !" » Quand on demande à Kevin où cette « personne d'influence » intervenait, sa réponse est assez claire : « Plutôt dans les mairies. Ce sont des gens qui ont de bonnes relations institutionnelles, qui peuvent pousser des dossiers. Voilà, ça, c'est du lobby, explique-t-il avant de poursuivre : Il y a des choses que vous ne maîtrisez pas. Il y a des dérives, c'est sûr, dans les relations commerciales mais ce sont des dérives qu'on retrouve dans beaucoup d'entreprises en réalité, c'est lié à tous les marchés ultra-concurrentiels où vous avez des tarifs exorbitants. »

Lors de l'ouverture du marché, en 2004, les jeunes entrepreneurs se sont pressés dans les bureaux des adjoints chargés de la petite enfance, comme à Paris. Olga Trostianskiy, adjointe (PS) en charge de la petite enfance de Bertrand Delanoë, les voit alors défiler. Elle se rappelle notamment avoir reçu la visite, pour le compte de People and Baby, de Thomas Fabius, dont le père était ministre socialiste de l'Économie et des Finances du gouvernement Jospin. On comprend aisément que l'adjointe au maire ait alors reçu le jeune homme de vingt-trois ans et lui ait prêté une oreille attentive. Le service communication de People and Baby justifie de son côté cette petite visite par le contexte de l'époque : « À cette période, la ville de Paris a décidé de tester les premières délégations de service public avec quatre acteurs privés, et a lancé un appel d'offres pour quatre crèches. Chaque acteur privé s'est vu attribuer une crèche en DSP », sans pour autant s'exprimer sur le rôle précis de Thomas Fabius à cette occasion.

Les adjoints en charge de la petite enfance sont nombreux à reconnaître être régulièrement courtisés, de manière plus ou moins directe, par ces entreprises. Cela les place dans une situation délicate. Rencontrer les acteurs économiques du territoire fait aussi partie de leurs missions. À Lyon (Rhône), ville remportée par les écologistes en 2020, l'adjoint (SE) Steven Vasselin en charge de la petite enfance nous explique avoir eu la surprise de voir apparaître un jour dans son bureau l'ancien ministre chargé des Transports, par ailleurs ancien maire d'Amiens (Somme), Gilles de Robien, aujourd'hui âgé de quatre-vingt-deux ans. «J'ai eu l'honneur de le recevoir dans mon bureau avec le directeur régional de La Maison bleue[1], raconte Steven Vasselin, un brin d'ironie dans la voix. Je ne sais pas s'ils font

1. Entretien avec l'une des autrices, 17 novembre 2022.

ça dans d'autres communes, mais j'ai trouvé ça vraiment cocasse, désuet, presque ridicule comme approche. Je sentais que le sujet de la petite enfance, ça ne lui parlait pas, il y avait comme un choc des cultures. Notre échange est resté très courtois mais je lui ai dit sans ambages que pour nous, la petite enfance n'avait pas du tout vocation à se faire avec des structures privées», se rappelle cet élu, par ailleurs fermement convaincu que la petite enfance doit échapper à toute logique financière.

Nous avons donc tenté de joindre Gilles de Robien dont la notice biographique, sur Internet, stipule qu'il préside désormais, depuis 2021, le conseil d'orientation et de prospective d'une école privée de sciences politiques à Paris, l'Ileri, mais non qu'il accomplit des missions de lobbying pour l'entreprise La Maison bleue. Il nous a répondu bien volontiers, et de manière courtoise. Lors de notre échange téléphonique, il commence par un long préambule sur la politique familiale, qu'il estime être inexistante dans notre pays : «Étonnez-vous que les parents ne soient pas encouragés à faire des enfants[1] !, peste l'octogénaire qui répond ensuite plus directement à notre question : Quand Sylvain Forestier a eu le besoin de contacter telle ou telle collectivité locale, qu'elle soit une intercommunalité ou qu'elle soit une mairie, j'ai répondu présent. Il m'est donc arrivé de prendre

1. Entretien avec l'une des autrices, 21 février 2023.

des contacts avec des élus locaux. Je le fais à la fois comme père, grand-père et maintenant arrière-grand-père», nous lâche-t-il.

Nous lui glissons qu'il a sans doute conservé de grandes compétences dans le domaine de l'équipement et des transports – dont il a été ministre de 2002 à 2005 – mais aussi dans celui de l'Éducation nationale et l'enseignement supérieur – dont il a eu le portefeuille de 2005 à 2007 sous le gouvernement de Dominique de Villepin – mais que la petite enfance ne nous semblait pas être jusque-là le champ qu'il maîtrisait le mieux. Soudain, il joue sur la corde sensible : «La petite enfance, ça ne se décrète pas si on a des compétences ou pas, c'est au niveau de la sensibilité. On est une famille très nombreuse et quand on se réunit, pour louer les maisons de vacances, ce n'est pas commode, je peux vous le dire, observe-t-il. La petite enfance m'a toujours intéressé. Le week-end dernier, mon épouse et moi avions encore deux arrière-petits-enfants à garder», se justifie-t-il encore.

Passé ces considérations privées, il assume plus sérieusement avoir gardé des relations «avec beaucoup de(s) anciens collègues au Parlement ou comme maire, même au bureau de l'Association des maires de France (AMF), et avoir de bons conseils à donner à Sylvain Forestier», qu'il rencontre régulièrement dans un club de chefs d'entreprise, le Club de l'audace, «quand il a besoin d'éclairage sur le public, une ville, comment ça fonctionne, les organigrammes, les règles, les DSP...» énumère-t-il. Par ailleurs, l'ancien ministre nous indique être rémunéré, en fonction de ses missions, sans vouloir nous révéler le montant.

Après cet échange, nous avons demandé à Claire Laot, la directrice générale du groupe La Maison bleue, de nous détailler le rôle du lobbyiste Gilles de Robien. Encore aujourd'hui, il « intervient au cas par cas, précise-t-elle. Il a été maire pendant longtemps, ministre. Il connaît bien tout ça et ils ont vite accroché, avec Sylvain Forestier. Il a donc un contrat de prestation sur les sujets des affaires publiques. Il est rémunéré de manière assez standard, je ne peux pas vous en dévoiler le montant. Il nous conseille sur les attentes des collectivités, il connaît bien leurs problématiques[1] », nous répond-elle. Dont acte.

À en croire les explications de la Haute Autorité pour la transparence de la vie publique (HATVP) que nous avons contactée, cette collaboration de Gilles de Robien ne revêt en tout cas aucun caractère illégal. La loi du 11 octobre 2013 relative à la transparence de la vie publique prévoit qu'un ancien membre du gouvernement qui souhaite se reconvertir dans le secteur privé doit, pendant une durée de trois ans après la fin de ses fonctions, saisir la Haute Autorité afin qu'elle examine si ses nouvelles activités sont compatibles avec ses anciennes fonctions. Gilles de Robien ayant quitté toute fonction ministérielle depuis 2007, il n'est pas concerné

1. Entretien avec les autrices, 28 mars 2023.

par cette loi. Par ailleurs, pour être qualifié de «représentant d'intérêts» en France, toujours d'après la HATVP, il est nécessaire d'exercer cette activité «de façon principale ou régulière», ce qui ne paraît pas être le cas de l'ancien homme politique octogénaire qui n'a, semble-t-il, pas envie de couler une retraite paisible en s'occupant de ses nombreux enfants, petits-enfants et arrière-petits-enfants. Pour preuve : avant de raccrocher, il nous a, de façon assez spontanée et sans doute aussi pour glisser un trait d'humour, proposé ses services : «Si vous voulez que j'anime un séminaire dans votre journal, n'hésitez pas !»

18

« Là, ça pullule, ça pullule »

Saint-Laurent est en effervescence. Le village de 700 habitants, situé à dix petits kilomètres de Guéret, la préfecture de la Creuse, comptera bientôt dans ses murs une structure qui n'existe nulle part ailleurs dans le département : une micro-crèche privée. Rien ne l'indique encore quand nous sillonnons la campagne creusoise, calme et verdoyante, à la recherche de ce futur équipement. Il n'ouvrira qu'en septembre. La crèche des Petits Choupissons, c'est son nom, a d'abord été une aventure personnelle pour les futurs gestionnaires, Benjamin Victor et sa compagne Justine qui, à la faveur de la crise du Covid, ont quitté leur Nord natal pour s'installer dans la Creuse. Lui est commercial, elle, auxiliaire de puériculture, et un rêve les animait, depuis leur banlieue lilloise : monter leur entreprise, ouvrir leur crèche privée.

Cette aventure est maintenant devenue collective : depuis plusieurs mois déjà, tous les acteurs locaux se réunissent régulièrement dans la mairie de la bourgade, pour discuter de l'avancée du projet. La future crèche de 12 places sera installée dans l'ancienne salle de bal, une grosse bâtisse en pierre, longée par la départementale du village et située en face de la petite mairie. À l'arrière, les enfants profiteront d'un jardin et d'un parc partagé. Cette ouverture est un événement. «Nous portons notre effort sur l'accueil de nouvelles populations. En trente ans, nous avons gagné 200 habitants et permis l'ouverture de deux nouvelles classes dans l'école. Or, nos deux assistantes maternelles vont bientôt prendre leur retraite et s'il n'y a pas de solution de garde pour le petit, la famille s'en va et on perd aussi le grand frère ou la grande sœur[1], nous explique le maire (sans étiquette) de Saint-Laurent Alain Clédière quand nous venons visiter le chantier. Ce projet, c'est donc un enjeu d'attractivité pour notre commune [...]. Mais c'est aussi la première crèche complètement privée, c'est une nouveauté, donc on s'est donné le temps de la réflexion.» Ancien instituteur, Alain Clédière a arpenté la Creuse de long en large au fil de sa carrière. Le maire aux cheveux grisonnants, silhouette longiligne dans sa doudoune sombre, se bat désormais pour faire vivre la petite commune. Un vrai défi. Il est déjà parvenu à implanter un café-restaurant-supérette-relais de poste à Saint-Laurent. Il nous y propose d'ailleurs un petit café

1. Entretien avec les autrices, 19 janvier 2023.

après la visite du chantier, pour évoquer les projets en cours. Celui de la création de la crèche constitue assurément le plus important de tous.

La commune a contracté un emprunt sur trente ans pour financer l'achat puis la rénovation totale du bâtiment, qui sera ensuite loué au couple Victor. La CAF, elle, s'est engagée à verser une subvention d'investissement de plus de 120 000 euros. « Nous avons accueilli favorablement ce projet[1], assure Caroline Perroud-Lacote, la responsable de l'action sociale de la CAF de la Creuse, ravie d'avoir été associée au projet dès ses prémices. On constate que les grands groupes viennent souvent chercher la CAF en dernier quand tout est déjà ficelé. Ils arrivent avec leur projet déjà monté, il n'y a pas de construction commune, il n'y a pas de partenariat local. »

La démographie et les besoins de la Creuse, territoire vierge de toute structure privée, sont quand même régulièrement sondés, scrutés, par les chargés de développement des entreprises de crèches, certains ayant pour objectif de lancer un projet d'ouverture chaque année. Ces deux dernières années, des commerciaux de La Maison bleue et de LPCR sont venus frapper à la porte du plus grand employeur du département, le centre hospitalier de Guéret, pour présenter leur modèle de crèches d'entreprise. Pour le moment, ça n'a pas abouti. « Une étude des besoins est en train d'être

1. *Ibid.*

réalisée», nous confie tout de même la responsable de la CAF.

Depuis vingt ans, et l'émergence du secteur privé à but lucratif, un système à deux vitesses est en train de s'installer dans notre pays. Peu à peu, tandis que la France riche et urbaine se couvre d'établissements privés accueillant en nombre les enfants des salariés d'entreprises, une autre France, plus rurale, plus modeste, reste totalement, ou presque, dénuée de modes de garde privés collectifs. Année après année, le fossé se creuse entre ces deux France qui se font face, accentuant les fragilités de l'une, renforçant la supériorité économique de l'autre. De fait, dans ces grandes villes où les crèches et micro-crèches privées essaiment ces dernières années, les couples continuent de s'installer sans crainte, et poursuivent sans mal leur activité professionnelle tout en faisant garder leurs enfants. La seule condition requise, finalement, est d'accepter de débourser une somme importante, pouvant aller dans les micro-crèches privées jusqu'à 2000 euros par mois. Un effort financier que seuls peuvent se permettre les couples de cadres supérieurs, moyennant parfois quelques sacrifices.

En mars 2022, le Conseil économique, social et environnemental (Cese) a émis une énième alerte à propos de ce système à deux vitesses : «Comme un rapport des corps d'inspection l'a récemment souligné, les crèches du secteur marchand bénéficient de soutiens publics, tout en se concentrant sur certaines aires géographiques économiquement plus favorisées et avec un modèle économique construit sur la rationalisation des coûts», note le rapport, écrit dans le cadre de la réflexion lancée sur le service public de la petite enfance.

Pour mieux prendre la mesure de ce phénomène, nous sommes parties en promenade dans les rues de Paris. Nous avons choisi comme point de départ un arrondissement situé dans la moitié nord-ouest de la capitale, rive droite, le 9e. Que dire de ce petit bout de Paris, si dense et si riche de musées, de salles de concerts, de lieux de culture en tous genres? Avec ses quelque 60000 habitants répartis entre l'Opéra Garnier au sud et le quartier de Pigalle au nord, ses soirées animées dans le nouveau quartier branché du «SoPi» (South Pigalle), cet arrondissement ne manque pas de charme. C'est sans doute pour cette raison que, malgré des prix de l'immobilier caracolant autour de 12000 euros le mètre carré en moyenne, tant de familles y ont élu domicile ces dernières années et décident, le week-end venu, d'aller manger une glace rue des Martyrs ou de faire un tour de manège près de la belle avenue Trudaine.

La situation n'a pas échappé aux entreprises de crèches, qui, on le sait, portent un intérêt tout particulier aux familles possédant un portefeuille bien garni. Si l'on resserre la focale, on atterrit donc là, au métro Anvers, non loin du Sacré-Cœur, sur cette avenue Trudaine où le marché bio attire tous les vendredis les bobos, juste à côté du square d'Anvers, si pratique lorsqu'on a de jeunes enfants.

Dans un rayon de deux kilomètres, on ne dénombre pas moins d'une vingtaine de crèches. Hormis quelques établissements municipaux, dix-sept appartiennent désormais aux acteurs privés. Dans ce mouchoir de poche, ils quadrillent le territoire. Certains possèdent même deux établissements, comme le groupe Grandir-Les Petits Chaperons rouges, présent à la fois rue Henry-Monnier dans le «SoPi» et à un jet de pierre de l'avenue Trudaine. People and Baby, lui, a décidé d'ouvrir ici une crèche bilingue, dans la rue Condorcet, pile en face d'une autre crèche Babilou ! Mais le groupe dirigé par Christophe Durieux et Odile Broglin possède aussi une autre structure, un peu plus loin, près du métro Blanche. Babilou n'est pas en reste, ni La Maison bleue, en descendant vers l'église Notre-Dame-de-Lorette. Quelques micro-crèches privées par-ci par-là viennent parfaire le paysage. Ici, qu'importent cette proximité et le prix pratiqué au mètre carré, les acteurs privés s'épanouissent.

Une situation plutôt récente qui n'a pas manqué d'interpeller le conseil d'administration de la CAF de Paris. Le 5 juillet 2022, la commission d'action sociale de la CAF s'est réunie, comme elle le fait régulièrement, pour étudier les différentes demandes de subventions, les voter puis décider, ou non, d'accorder de l'argent public. Fait rare, ce jour-là, comme l'attestent des documents que nous avons consultés, elle n'a pas donné suite à People and Baby qui lui demandait, au titre de la subvention d'investissement, la somme de 304 000 euros pour pouvoir s'installer dans le quartier. En cause, selon les membres de la CAF : la forte couverture du territoire et l'absence de besoin réel existant pour les parents. « Les taux d'occupation des crèches alentour sont faibles […]. Par ailleurs, dans le 9e, les données disponibles montrent que les familles ont plutôt tendance à se tourner vers de l'accueil individuel, de la garde à domicile ou des assistantes maternelles », a ainsi fait valoir la responsable du département du développement des territoires d'action sociale à la CAF de Paris. À l'unanimité, la commission a décidé de refuser la subvention à People and Baby. Ce refus n'a d'ailleurs pas empêché le groupe d'ouvrir sa énième crèche parisienne dans cette fameuse rue Condorcet.

À Paris, certains quartiers auraient-ils tant attiré les entreprises de crèches qu'ils seraient désormais saturés ? Cette réalité est méconnue du grand public. C'est en tout cas ce qui a motivé la décision de la CAF en date du 5 juillet 2022. Pour éclaircir ce point, nous nous sommes entretenues à l'hôtel de ville de Paris avec Céline Hervieu, la conseillère (PS) de la ville déléguée à la petite enfance. « Dans certains quartiers, les offres sont déjà conséquentes. L'enjeu pour la CAF, c'est que les crèches soient remplies, c'est donc un choix cohérent de refuser cette subvention[1], confirme l'élue qui explique aussi cette emprise des acteurs privés dans certains

1. Entretien avec l'une des autrices, 1er février 2023.

quartiers par l'offre incomplète de crèches municipales : Sur la carte parisienne, ce que l'on constate, c'est que dans l'Ouest parisien, le foncier est plus cher. On a plus de mal à développer des crèches en régie car le foncier est moins disponible. » Là où le public échoue, le privé, lui, n'a aucun mal à s'infiltrer.

Poursuivons un peu notre balade parisienne et traçons donc la route vers l'ouest. Nous laissons derrière nous la place de Clichy, ses trottoirs bondés, et nous atteignons les abords plus bourgeois des Batignolles. Là aussi, les poussettes pullulent. Les familles affectionnent particulièrement le secteur, ses petites rues commerçantes riches en boutiques en tous genres, son square, sa mare aux canards. Tandis que nous avançons, nous gardons en mémoire ces paroles de la conseillère déléguée à la petite enfance Céline Hervieu : « À Paris, on sait que les besoins de crèche sont plus importants à l'Ouest. Notre projet, c'est de prioriser le 15e, le 16e, le 17e pour ouvrir des établissements, qu'ils soient privés ou publics. »

Il faut rappeler qu'à partir de 2001, la ville de Paris, désormais aux mains des socialistes, a accéléré l'ouverture d'EAJE. Les détracteurs de l'ancien maire PS Bertrand Delanoë diront qu'il a privilégié pour des raisons électoralistes les ouvertures de crèches dans les arrondissements les plus populaires de l'Est, qui votent traditionnellement à gauche. Dans les rangs de la socialiste Céline Hervieu, on justifie plutôt cela aujourd'hui par les « opportunités foncières» plus fréquentes à l'est de la capitale sous l'ère Delanoë. Mais faut-il encore s'en étonner? Dans ce 17e arrondissement familial, les établissements People and Baby, Babilou et consorts ont aussi poussé comme des champignons ces dernières années, s'implantant là où les crèches en régie municipale étaient encore absentes. Pour preuve, cette autre décision de la commission d'action sociale de la CAF, en date du 9 novembre 2022, rejetant cette fois une subvention d'investissement à une crèche du groupe Grandir-Les Petits Chaperons rouges, rue Cardinet, dans le nord des Batignolles, près du parc Martin-Luther-King. «Dans un rayon de 300 mètres autour de ce nouvel établissement, les taux d'occupation des cinq structures présentes s'établissent à 71 %, 59 %, 62 %, 71 % et 79 %. Entre 350 et 500 mètres autour, les sept structures existantes affichent des taux d'occupation de 52 %, 62 %, 71 %, 69 % 80 %, 55 % et 56 %», a ainsi argumenté, pour motiver son choix, la directrice de l'action sociale à la CAF de Paris, dans le document que nous avons consulté. Nouveau refus, donc, dans un secteur familial pourtant considéré comme une «priorité» par la municipalité mais où les structures privées se sont établies en masse dernièrement.

Interrogé sur le sujet, l'énergique maire (LR) du 17e arrondissement Geoffroy Boulard opine, un poil agacé par la gestion socialiste de la ville : «Mais pourquoi se sont-elles créées ici? Parce qu'il y avait un manque de structures publiques.

Je pense notamment aux quartiers Lévis ou Legendre (non loin des Batignolles), là, ça pullule, ça pullule, parce que moi, je n'ai qu'une crèche, une toute petite, de trente berceaux. Forcément, faute de solution pour les familles, toutes les crèches privées se sont mises là[1], reconnaît-il. Toutes les familles ne peuvent pas aller dans le secteur privé, parce que, sans financement entreprise, c'est quand même très compliqué. Ça fait des années que je dis à la mairie qu'il faut investir», tempête encore l'édile, plutôt favorable par ailleurs au développement du secteur privé.

Dans certains quartiers de l'Ouest, Paris devient donc un véritable eldorado. La conseillère municipale Céline Hervieu, chiffres à l'appui, confirme : «On a reçu dans les trois derniers mois une quinzaine de demandes d'ouverture de crèches privées sur la capitale.» Xavier Vuillaume, directeur des familles et de la petite enfance à la ville de Paris abonde : «Ils s'installent aussi plus facilement là où le pouvoir d'achat des familles est plus important.»

Face à cette France saturée de crèches, la Creuse, avec ses 117000 habitants, soit moins que le seul 17e arrondissement de Paris (166000 habitants), est à la peine. En 2021, le département le moins peuplé de France a vu naître 788 bébés et, même s'ils sont peu nombreux, ils ont bien le droit d'être gardés, comme les enfants parisiens. Dans ces territoires ruraux, pour les collectivités comme pour

1. Entretien avec l'une des autrices, 3 février 2023.

la CAF, adapter le nombre de modes de garde aux besoins relève d'un travail de dentelle. «On sait qu'il y a des tensions à cause de la baisse du nombre d'assistantes maternelles et de l'accueil de nouvelles populations, note la responsable de l'action sociale à la CAF de la Creuse. Ça se confirme mais ça n'est pas une science exacte et il faut faire attention : il peut y avoir une tension pendant six mois puis à nouveau des places de libres.» Avec deux fois plus de demandes que d'offres ces deux dernières années dans la communauté d'agglomération du Grand-Guéret, Caroline Perroud-Lacote peut l'affirmer : «On est sur une tendance.» Alain Clédière, le maire bâtisseur de Saint-Laurent, enfonce le clou : «Nous avons eu jusqu'à sept assistantes maternelles dans la commune mais à la fin de l'année 2023, nous n'en aurons plus aucune.»

Sans le recours aux entreprises de crèches privées qui désertent le secteur, contrairement aux métropoles comme Paris, les acteurs locaux tentent d'agir à l'aide de plusieurs leviers, notamment *via* le développement des maisons d'assistantes maternelles et donc une plus grande valorisation du métier, pour continuer à favoriser l'accueil individuel. «On essaie aussi, malgré tout, de développer l'accueil collectif, même si c'est compliqué pour les collectivités : on n'en est pas à construire de nouvelles crèches, il faut qu'il y ait plus de leviers financiers, détaille la responsable de l'action sociale de la CAF. Sinon on tente des solutions différentes, soit des porteurs privés comme à Saint-Laurent, soit des employeurs qui réserveraient des places dans des crèches publiques. Mais pour l'instant, ça ne prend pas. Il n'y a pas une grosse entreprise ici qui est capable de mettre 80 000 euros sur la table pour réserver des berceaux. »

Résultats : certains départements ne peuvent compter que sur les collectivités, sur les associations et sur les assistantes maternelles pour étoffer leur offre de mode de garde. Une carte[1] présentée par la CAF en 2019 dessine ainsi la France des parents chanceux, c'est-à-dire avec une offre plus élevée que la moyenne nationale, qui comprend l'Île-de-France avec Paris, exceptée la Seine-Saint-Denis, les régions Provence-Alpes-Côte d'Azur et Rhône-Alpes avec la ville de Lyon, et celle des moins chanceux, où l'on retrouve une grande partie ouest, une grande partie est, mais aussi l'intégralité des départements du centre… comme la Creuse.

Quand nous l'avons interrogé sur les mises en garde du Cese quant au « soutien public » accordé aux crèches privées, qui se concentrent sur « certaines aires géographiques économiquement plus favorisées », Elsa Hervy, à la FFEC, assume cet état de fait, évoquant les 800 000 places d'accueil chez les assistantes maternelles et gardes à domicile : « Ce sont des accueils individuels privés lucratifs ! De tout temps, en France, la majeure partie des

1. « L'accueil du jeune enfant en 2020 », Observatoire national de la petite enfance, CAF.

solutions d'accueil ont été des accueils privés lucratifs où des professionnels gagnent de l'argent en accueillant des enfants qui ne sont pas les leurs », nous a-t-elle répondu.

Pour pouvoir survivre en Creuse, il le sait déjà, Benjamin Victor, l'entrepreneur de Saint Laurent, devra ouvrir rapidement une deuxième micro-crèche dans le département, voire une troisième. Toujours avec l'aide de la CAF, il étudie actuellement la faisabilité du projet, sillonne la campagne en quête d'un nouveau local à rénover, d'une nouvelle collectivité à laquelle s'associer. Mais en attendant, à Saint-Laurent, on se réjouit déjà que la vieille salle de bal puisse à nouveau s'animer grâce aux Petits Choupissons.

19

«Dans les micro-crèches, on fait comme à la maison»

Elles étaient donc la solution à tous les problèmes. Petites, cosy, moins bruyantes et stressantes pour les salariées et les enfants, à taille humaine pour les familles. Officiellement créées grâce au «décret Morano» de 2010, les micro-crèches, avec leurs 10 petits accueillis – le chiffre sera ensuite fixé à 12 maximum par un arrêté en 2021 –, sont décrites comme «atypiques» par ceux qui les ont lancées. Dans les villes, elles viennent discrètement se nicher dans un local abandonné, en rez-de-chaussée d'un immeuble, ou même dans une cour, un simple appartement aménagé à l'étage d'un immeuble. À la campagne, elles répondent à un besoin de flexibilité, lorsque les collectivités peinent à regrouper assez d'enfants dans les zones peu denses. Les micro-crèches sont faites pour ces campagnes en voie de désertification, en mal de modes de garde. Dotées de tous les atouts, elles ont vocation à rapidement se développer en France, de Roubaix au Cap-d'Agde, de Brest à Montbéliard.

Précisons ici rapidement leur mode de fonctionnement et de financement. Dans une micro-crèche, un professionnel peut accueillir les enfants seuls (deux personnes doivent être présentes si le nombre d'enfants accueillis est supérieur à trois). L'arrêté d'août 2021, déjà évoqué, a aussi augmenté la capacité d'accueil en surnombre à 115 %, soit 14 enfants. Le gestionnaire n'a aucune obligation d'avoir déjà travaillé dans la petite enfance ni même d'avoir quelques compétences en la matière, en revanche, il doit nommer un « référent technique » diplômé, en poste dans la structure. Enfin, la plupart des micro-crèches ne sont pas financées par la PSU de la branche famille de la CAF mais par la Paje versée directement aux parents par l'organisme public. Cela signifie que les parents doivent débourser chaque mois une somme importante, avant d'être ensuite remboursés par la CAF sous conditions de revenus. La tarification de la micro-crèche ne doit pas dépasser 10 euros par heure. En mai 2016, 25 % des familles payaient plus de 9 euros de l'heure dans les micro-crèches Paje[1]. Les familles paient en moyenne 7,51 euros par heure facturée.

Présentes par centaines dans nos villes, les « micros » ne semblent pas avoir aujourd'hui

1. « Les micro-crèches : bilan 2016 », Cnaf, p. 190-198.

révolutionné nos modes de garde. À l'inverse, elles cristallisent la plupart des critiques proférées à l'encontre du secteur privé et sont désormais, nous allons le voir, dans le collimateur des pouvoirs publics. Les reproches qui leur sont généralement adressés tournent autour des tarifs pratiqués, mais aussi du manque d'accessibilité, de l'opacité de leur financement. Très chères, elles n'accueilleraient que les enfants des familles aisées. Profitant d'un assouplissement de la réglementation, elles échapperaient aussi davantage aux contrôles, notamment de la CAF, et se développeraient de façon anarchique.

Mais reprenons depuis le début. Nous sommes en 2010 et dès l'instauration du décret Morano, le modèle connaît un franc succès. De nombreux acteurs s'engouffrent dans ce nouveau marché. Sur Internet, des tutos apparaissent à destination des entrepreneurs débutants : « Le chiffre d'affaires de votre futur micro-crèche », « La rentabilité des micro-crèches » sont autant de courtes vidéos accessibles sur YouTube en quelques clics. En juillet 2012, la Cnaf recense 774 micro-crèches accessibles au public. Fin 2015, ce chiffre est passé à 2 312, soit une multiplication par trois en quatre ans. Sept ans plus tard, elles seraient 6 000.

Comme nous le raconte cet expert-comptable installé à Lyon (Rhône), qui accompagne les porteurs de projet depuis 2010, deux profils types de personnes se penchent alors sur le berceau de ces structures si particulières : les financiers, d'abord, sans aucun lien avec la petite enfance, qui apportent des capitaux. Mais aussi des particuliers, souvent parents eux-mêmes. « Le profil classique, c'est la mère de famille avec un ou deux enfants, la petite trentaine, qui est de la petite enfance ou en reconversion professionnelle. Elle veut révolutionner la garde d'enfant avec le bien-être, le Montessori, le côté nature, les langues, etc. Quand on a des enfants, on se dit qu'on va faire mieux que les autres. Alors elles essaient, avec leurs grandes idées. Mais la réalité, c'est qu'une entreprise, c'est une société commerciale qui doit être rentable, inévitablement. Quand elles arrivent à ouvrir leur micro-crèche, ces femmes deviennent un peu plus terre à terre[1] ! » persifle l'expert-comptable.

Le modèle attire aussi certains salariés qui y voient une manière de retrouver un cadre de travail plus intime, de créer un lien plus direct avec l'enfant, d'échapper au côté « usine » que nous avons précédemment décrit. Mais lorsqu'ils découvrent la face cachée de certaines micro-crèches, ils peuvent tomber des nues. C'est le cas de Sylvie[2], EJE et directrice de crèche municipale à Paris. Cette femme, âgée de plus de cinquante ans, travaille depuis vingt-trois ans dans la petite enfance, dont quinze à des postes de direction. Nous la rencontrons

1. Entretien avec l'une des autrices, 17 novembre 2022
2. Le prénom a été modifié.

dans son bureau actuel, à Paris, dont nous tairons l'emplacement car cette professionnelle, une de plus, tient à garder l'anonymat. Son point de vue nous semble précieux parce que riche d'une longue expérience. Contrairement à ses jeunes collègues qui sortent de formation, Sylvie a du recul, un regard critique.

Pendant sa pause déjeuner, entre deux dossiers à gérer, elle prend le temps de nous raconter son histoire. Il y a quelques mois, comme de nombreux citadins après la crise sanitaire, Sylvie a ressenti un immense ras-le-bol de Paris. «J'aime la nature, moi», dit-elle. Elle fait donc le choix de quitter la capitale, son emploi de fonctionnaire, son logement de fonction. Direction : une banlieue boisée de l'ouest de la capitale et un nouvel emploi de directrice en micro-crèche. Là-bas, elle est vite déçue. Elle, qui pensait pouvoir bénéficier de la souplesse d'une petite structure privée pour développer des projets innovants avec les enfants, se retrouve à devoir gérer un quotidien ponctué d'incidents. Dès le départ, elle assiste à des scènes qui la choquent :

«Dès les premiers jours, j'ai vu une professionnelle aller en cuisine avec un enfant. C'est impensable, la cuisine, c'est là qu'il y a les couteaux, les plaques… Eh bien elle faisait comme à la maison. Il y avait un enfant assis sur le plan de travail, le couteau de cuisine à côté, le poulet en train de sauter dans la poêle plus loin. Et le petit, qui essuyait ses genoux parce qu'il recevait de l'huile sur ses cuisses ! En même temps, il avait à la main le portable de la professionnelle sur lequel il était en train de regarder un dessin animé. Tout était mauvais, tout ! s'indigne encore Sylvie, la voix tremblante d'émotion. La salariée ne voyait pas le mal ! Elle était jeune, elle faisait comme elle aurait pu faire avec ses enfants, chez elle[1]. »

Très vite, Sylvie comprend donc qu'elle a mis les pieds dans une structure sans aucun repère où tout fonctionne dans une grande désinvolture, où les professionnelles ne sont pas ou peu formées, où la gestionnaire elle-même, ancienne institutrice, pourtant à la tête d'un petit réseau d'une dizaine d'établissements dans la région, est dépassée par la situation.

« Il y avait aussi cette volonté de faire des économies, d'acheter des jouets qui ne sont pas adaptés parce qu'ils viennent des brocantes. Pour les repas, ils étaient bios, mais c'étaient les professionnelles qui faisaient les courses elles-mêmes avec leur véhicule personnel. C'était mis au frais n'importe comment, on ne contrôlait pas la température, on ne contrôlait rien. Elles rangeaient comme à la maison, là où il y avait de la place. Résultat : il y avait des fromages qui restaient à l'air libre parce qu'il n'y avait plus de place. Il y avait des enfants aussi qu'on oubliait de faire manger », décrit Sylvie, entre honte et colère.

---

1. Entretien avec l'une des autrices, 19 octobre 2022

Un contrôle de la PMI est annoncé ? Sa gestionnaire est sens dessus dessous.

« On avait un doute sur une professionnelle qui pouvait boire. Quand la gestionnaire a su qu'il y aurait un contrôle, elle voulait la faire souffler dans un éthylotest ! Je lui ai dit qu'elle n'en avait pas le droit, il y avait un médecin de PMI dont c'était le rôle, il devait s'en charger. Là, elle m'annonce qu'elle n'avait pas déclaré cette personne à la PMI parce qu'elle n'était pas diplômée », déplore encore Sylvie.

Elle aura tenu trois semaines en tout et pour tout. Après avoir effectué un signalement auprès de la PMI concernant cette structure qui venait de la recruter, elle quitte sans regret son poste avant la fin de sa période d'essai. En regagnant Paris et son travail de directrice en crèche municipale, la quinquagénaire s'est fait une promesse : ne plus jamais mettre les pieds dans une micro-crèche.

L'une des difficultés importantes auxquelles sont confrontés les gestionnaires est le recrutement du personnel. Au regard de la pénurie qui sévit dans le secteur, nombre de ces petits entrepreneurs finissent par faire appel à des salariés non formés : « Les gens embauchent le premier venu. Si la personne n'est vraiment pas compétente, vous avez des accidents : laisser un enfant non attaché sur un transat ou une table haute, ça, ça peut arriver. Vous embauchez des gens qui pensent savoir s'occuper des enfants. Mais vous avez deux enfants chez vous, c'est une chose. Vous en avez dix dans la pièce, il faut avoir un œil partout», raconte l'expert-comptable de Lyon, fin connaisseur du secteur, que nous avons interrogé. À l'aune de ce témoignage, on comprend un peu mieux les dysfonctionnements que Sylvie a pu observer.

Toutes les micro-crèches ne ressemblent pas à l'endroit qu'a connu cette femme. Mais on peut s'interroger sur la cohérence du système : il est aujourd'hui possible d'ouvrir des structures dédiées aux jeunes enfants sans avoir aucune connaissance ni expérience préalable dans le champ de la petite enfance. Réagissant à l'assouplissement de la réglementation, on actionne différentes sonnettes d'alarme, notamment depuis le drame de Lyon qui – rappelons-le – s'est déroulé dans une micro-crèche, un matin, en présence d'une seule salariée. Dans une note publiée en avril 2023, le HCFEA alerte ainsi : «Plusieurs faits divers dramatiques se succèdent depuis plusieurs mois. Sont pointés du doigt l'organisation du travail en général, et en particulier, les conditions de travail des professionnels ou l'assouplissement des normes d'encadrement qui créent un malaise.»

À demi-mot, l'expert-comptable de la région lyonnaise qui accompagne une trentaine d'entreprises nous décrit bien l'appel d'air que représentent depuis treize ans ces micro-crèches pour les personnes en quête d'indépendance, taraudées par une envie : entreprendre. Il dépeint aussi une situation où, peu à peu, certains se retrouvent à gérer leur établissement à la petite semaine, faute de budget suffisant : «Ils ne sont pas tous des capitalistes sanguinaires mais il y a quand même de l'argent à se faire. Il y a les week-ends, les vacances scolaires d'été, c'est quand même assez attrayant, expose-t-il avant de nous confier : J'accompagne des micro-crèches qui font des spectacles, qui font des trucs tous les jours, et il y en a d'autres où il n'y a rien du tout. Vous sentez que là, c'est du parcage d'enfants.»

Les freins administratifs s'accumulant, il est aussi nécessaire, à en croire certains gestionnaires, de s'armer de patience. Pour atteindre la rentabilité et vivre décemment, il vaut mieux disposer d'un peu de trésorerie, et ouvrir au minimum deux ou trois micro-crèches. Enfin, dans certaines villes, le marché se développant, la concurrence fait rage. «Pour ma première crèche, je n'avais pas d'extérieur et c'est passé sans souci à la PMI, mais bon, la deuxième... heureusement mon associé m'a aidé, a insisté. Sinon, on m'interdisait d'ouvrir, on m'a mis la pression, me menaçant de ne pas me donner l'autorisation parce que je n'avais pas d'espace extérieur», se rappelle ainsi une ancienne gérante de micro-crèche en Île-de-France, devenue coach et accompagnatrice. Pour parvenir à gagner un peu d'argent, il faut donc réussir à jongler avec les plannings, remplir au maximum : «Il faut être bon en Tetris. Les meilleurs gestionnaires de micro-crèches sont ceux qui arrivent à adapter leur planning pour se retrouver en permanence avec le maximum d'enfants, toute la journée, sans dépasser les douze. Ce sont eux qui gagnent le plus d'argent, ça peut aller jusqu'à 250 000 euros de chiffre d'affaires par an contre 170 000 à 180 000 euros pour les autres, en général», décrypte encore l'expert-comptable.

Face à ces difficultés, nombreux sont aujourd'hui les entrepreneurs qui jettent l'éponge et préfèrent revendre leur petite société à de grosses structures. Les mouvements de rachat et de concentration s'accélèrent. Un phénomène observé au quotidien par Fanny Schosseler, entrepreneuse en micro-crèche à Marseille (Bouches-du-Rhône) et à la tête du regroupement des entreprises de micro-crèches (Remi), un organisme créé au moment du Covid, en 2020, qui compte environ 300 adhérents.

«Ceux qui se font racheter sont ceux qui en ont marre. Grâce au Remi, aujourd'hui, on favorise les contacts, certains arrivent à s'orienter vers d'autres gestionnaires de petite taille. On essaie de promouvoir ces mouvements-là, entre petits, pour éviter qu'ils ne se fassent happer par de plus gros groupes, explique-t-elle. Certains préfèrent aussi vendre à un prix plus bas pour garder l'attachement de leur crèche à un petit réseau plutôt que de s'adresser à un grand groupe qui va payer plus cher, certes, mais avec quel mode de fonctionnement[1] ?», interroge-t-elle.

1. Entretien avec l'une des autrices, 22 février 2023.

L'expert-comptable installé à Lyon abonde : « L'indépendant qui a huit crèches, aujourd'hui il vend à Babilou, il prend ses 5 millions et il est content ! Les gros du secteur essaient de racheter des indépendants. Pour eux, c'est facile : ils ont toute l'organisation, ils rachètent une crèche, hop ils la mettent dans le système, la comptabilité est reprise, les paies, les achats. Ils dupliquent. »

C'est ainsi que Babilou, le groupe Grandir-LPCR, People and Baby ou encore La Maison bleue grignotent, année après année, le marché des micro-crèches, en faisant table rase des anciens établissements ou en rachetant des structures « partenaires ». Une manière pour eux de se développer tout en échappant à une réglementation trop sévère. « Certains grands groupes montent une majorité de petites structures, de manière à ne pas avoir toutes les obligations de réglementations et de qualifications propres aux plus gros établissements », nous indique ainsi un personnel de la CAF, qui préfère rester anonyme.

L'essor des micro-crèches partenaires rachetées par les grands groupes, Éric Weil en a fait l'expérience à ses dépens. Nous entrons en contact avec cet avocat de cinquante-quatre ans à la fin de notre enquête et il nous reçoit dans son vaste cabinet, situé à l'étage d'un bel immeuble haussmannien, à deux pas de l'Arc de triomphe à Paris. Éric Weil est père de quatre enfants et à l'été 2022, il cherchait, stressé, un mode de garde pour sa petite dernière. Un jour, en marchant près de son cabinet, il tombe sur une micro-crèche bilingue baptisée Crèche Romarin. Pour ce polyglotte franco-allemand inscrit aux barreaux de Berlin, Paris et New York, cet endroit, à dix minutes à pied de son travail, est une véritable aubaine. « Le blason était doré ! » lance-t-il.

Nous sommes alors aux premiers jours du mois de juin 2022. En prenant contact avec la micro-crèche Romarin, Éric Weil se retrouve à converser avec une personne de l'entreprise People and Baby, société dont il n'avait alors jamais entendu parler. « J'étais surpris. Au départ, je ne pensais pas m'adresser à un grand groupe », nous explique-t-il. Qu'à cela ne tienne, il décide de fermer les yeux sur ce détail, trop heureux d'avoir trouvé une solution pour faire garder sa fille d'un an. People and Baby lui confirme qu'il peut donc disposer de la treizième place dans cette micro-crèche – censée n'en accueillir que douze, ce qu'il ignore à l'époque. Le 16 juin, il signe donc un contrat avec People and Baby et réserve un berceau à compter de début septembre, moyennant le versement d'une somme de près de 3 000 euros. Quelques jours plus tard, Éric Weil entend parler dans les médias du drame de la fillette tuée au Destop à Lyon. Alerté, l'avocat s'informe plus précisément sur l'entreprise People and Baby, lit des articles et, inquiet, change d'avis et décide de ne pas leur confier sa fille. « Le lien de confiance était rompu, lâche-t-il. S'ils m'avaient informé des plaintes dont ils faisaient l'objet, j'aurais encore pu surmonter tout ça. Mais là, c'était trop tard.» People and Baby, que rien n'obligeait à évoquer des faits concernant d'autres structures, fait la sourde oreille et pendant des semaines, ne lui répond pas. Dans les mois qui suivent, l'avocat reçoit différents courriers d'une société de recouvrement mandatée par People and Baby lui réclamant une somme avoisinant les 5 000 euros, correspondant à des impayés.

Quand nous rencontrons Éric Weil, son ton est très posé. En neuf mois, il a eu le temps d'analyser la situation. Il nous annonce qu'il s'apprête à déposer une assignation auprès du tribunal judiciaire de Paris contre la société People and Baby réclamant la nullité de son contrat. Lors de ses recherches sur l'entreprise, cet avocat spécialisé en droit des affaires s'est en effet rendu compte qu'en lui attribuant une treizième place, cette micro-crèche pratiquait une forme de «surbooking[1]» mais aussi que les certifications qu'elle prétendait avoir étaient «des médailles en chocolat», *dixit* l'avocat. En clair, Éric Weil a compris que le label «La belle crèche» dont se vante la micro-crèche Romarin n'est autre qu'une auto-certification. Ce label est en effet délivré par l'association Crèches pour tous, qui est une simple émanation de l'entreprise People and Baby. Cette découverte finit de convaincre Éric Weil d'agir. «Ce qui me choque le plus, c'est l'absence de contrôle de l'État sur ce

1. Si les 13 berceaux ne sont pas occupés simultanément, la technique n'est pas illégale.

type de structures, pourtant financé par les pouvoirs publics. Il faudrait mettre en place des garde-fous, s'assurer que cet argent est bien attribué[1] », martèle-t-il.

Les pistes évoquées par Éric Weil, bien déterminé à mettre à jour ces dysfonctionnements, rejoignent celles évoquées ces derniers mois par plusieurs rapports. Le premier coup de boutoir contre les micro-crèches a été donné fin août 2022 par la DGCCRF. Nous avons déjà évoqué plus tôt cette étude très critique sur les « prix et les contrats » pratiqués par les micro-crèches relevant des anomalies dans deux tiers des établissements contrôlés. « Il y a des sujets sur lesquels, très clairement, nous l'avons assumé, il a fallu faire une remise à niveau, reconnaît Elsa Hervy, la porte-parole de la FFEC. Par petites touches, un jour, on sera à moins de 10 % d'anomalies », promet-elle.

L'autre attaque, et non des moindres, a été lancée par l'Igas, en avril 2023, qui a dénoncé un manque de transparence flagrant dans les flux financiers bénéficiant aux micro-crèches. « Dans ce secteur [...] coexistent des projets de très grande qualité et des dérives inacceptables, guidées par de simples logiques financières [...]. Les micro-crèches financées par le biais de la Paje ne font pas l'objet d'un contrôle financier de la branche famille, dans

1. Contacté, le service communication de People and Baby nous a répondu qu'il « n'a pas connaissance de procédures en cours concernant People and Baby ».

la mesure où le financement est octroyé aux familles par le biais d'une allocation, et non directement aux établissements. Avant de poursuivre : La mission considère qu'il est indispensable que la Cnaf se dote au plus vite des moyens de contrôler le bon emploi de l'argent public dans ces établissements. » Nous y reviendrons.

Au HCFEA, un autre rapport publié à la même période[1] évoque l'idée de conditionner les aides reçues à un certain nombre de critères, comme l'implantation dans des territoires plus défavorisés, de mettre en place un plafonnement plus strict du tarif ou encore d'accroître les contrôles sur les micro-crèches. Peu à peu, des voix s'élèvent de toutes parts, l'étau se resserre autour des opérateurs privés. Reste à savoir si les pouvoirs publics ont les moyens de mener à bien ces contrôles.

1. Rapport « Accueil des enfants de moins de trois ans : relancer la dynamique », HCFEA, mars 2023.

20

« Signaler, signaler, signaler »

« Depuis le drame de Lyon, il y a une explosion des signalements. Ils peuvent venir de salariées qui dénoncent des maltraitances, des mauvaises conditions de travail, une législation qui n'est pas respectée. Ils peuvent aussi venir des parents qui s'inquiètent ou même des copropriétaires d'une résidence qui entendent beaucoup les enfants pleurer dans la micro-crèche du rez-de-chaussée. Et notre interlocutrice ajoute : Nous sommes de moins en moins nombreuses et de plus en plus débordées[1]. » Quand Sandrine[2] accepte de se confier, cet après-midi-là, elle s'apprête à quitter le centre de PMI d'un département francilien où elle a travaillé comme responsable pendant plusieurs années. Il est temps, pour la trentenaire, de prendre un nouveau départ, loin des nouveau-nés à peser et

1. Entretien avec l'une des autrices, 16 janvier 2023.
2. Le prénom a été modifié.

des jeunes mamans aux cernes dessinés par les réveils nocturnes, mais aussi loin des personnels essorés qu'elle a l'habitude de côtoyer lors des contrôles qu'elle effectue dans les EAJE de son département.

Si le contrôle financier des crèches est réalisé par les CAF, le suivi du quotidien revient aux professionnelles des PMI. Elles interviennent à deux moments décisifs : elles délivrent l'agrément pour une structure qui se monte et elles s'y rendent de manière inopinée en cas de signalement, comme vient de nous l'exposer Sandrine. En outre, il y a les visites dites de contrôle : elles ont lieu à intervalles réguliers, entre un an et plusieurs années selon les témoignages que nous avons recueillis. Les gestionnaires, eux, sont prévenus quelques jours avant ces visites des professionnelles. Ces contrôles sont-ils suffisants ?

Fanny Schosseler, entrepreneuse dans les Bouches-du-Rhône précédemment citée, nous donne son sentiment : « Dans mon département, on est passés d'une soixantaine d'établissements à 300 en peu de temps, rapporte-t-elle. Et les effectifs de la PMI n'ont pas augmenté. De fait, les contrôles sont moins réguliers, le temps passé sur les dossiers est moins important parce que les PMI ont moins de moyens. Et elles peuvent rater des situations. »

En novembre 1945, la PMI a été fondée avec l'objectif de réduire la mortalité infantile, en proposant une surveillance médicale aux femmes enceintes et un suivi des nourrissons. Des médecins et des assistantes sociales y travaillaient d'abord, puis ils ont été rejoints par des puéricultrices, à mesure que de nouvelles missions de prévention et de contrôle des modes de garde (crèches et assistantes maternelles) apparaissaient. Au fil du temps, cette dernière mission a pris de plus en plus d'importance, avec l'augmentation du nombre de crèches en France.

Lorsqu'elles visitent un établissement, les agentes de PMI – car il s'agit en grande majorité de femmes – vont s'assurer que les obligations réglementaires sont bien respectées, en termes de taux d'encadrement, de qualification des professionnelles, d'adaptation du bâti aux tout-petits. Elles vont aussi porter une attention particulière à l'ambiance qui règne dans l'équipe et à son projet pédagogique. Mais nous allons le voir, en l'absence de personnel en nombre et de normes clairement établies, il leur est parfois difficile de statuer sur le bon fonctionnement, ou non, d'un établissement. Car il n'existe pas d'obligations nationales quant à la fréquence des contrôles effectués dans les crèches. Chaque département s'organise comme il le peut, en fonction de ses moyens. Certains ont monté des équipes dédiées, d'autres les confient à des professionnelles ayant également diverses missions au sein de leur PMI. Conséquence, certaines crèches peuvent passer entre les mailles du filet.

Quand Émilie Boudon a pris la tête du bureau des modes d'accueil des Alpes-Maritimes, en 2018, elle s'est par exemple rendu compte que les quelque 300 crèches de son département étaient visitées environ tous les sept ans. «Ce n'était pas entendable[1]», lâche la responsable. Cinq ans plus tard, elle espère «parvenir à un rythme de croisière d'une visite tous les deux à trois ans». Autre département, autre organisation qui révèle cette fois une différence de traitement entre les structures privées et publiques : dans les Yvelines, «le plan de contrôle consiste à aller voir les crèches privées tous les ans et les crèches publiques tous les deux ans, explique le directeur du bureau des modes d'accueil, qui glisse ensuite : Les crèches publiques dépendent des communes, elles vont être plus dotées en agents, il y a moins de *turn-over.*»

En Seine-Saint-Denis, le département espère réduire de moitié le temps entre deux contrôles, en passant de quatre à deux ans, nous explique Ève Robert, quand nous la rencontrons dans son bureau du conseil départemental à Bobigny. La jeune femme, larges lunettes et style décontracté, est directrice générale adjointe dédiée aux solidarités depuis un peu plus d'un an. Elle a ouvert plusieurs vastes chantiers au sein des PMI du département, et notamment celui des contrôles des crèches. Comme cela se fait à Paris, dans les Yvelines ou en Haute-Garonne notamment, elle prévoit de monter une équipe dédiée. «On a la volonté de massifier les contrôles, d'augmenter leur fréquence, résume-t-elle. On a le sentiment

1. Entretien avec l'une des autrices, 14 mars 2023.

qu'il y a une attente sociétale plus forte, notamment des parents, sur la qualité. Avoir une équipe centrale sera un gage de montée en compétences. La professionnelle sera plus réactive, plus alerte, elle maîtrisera mieux la réglementation[1]. » Elle reconnaît les limites des contrôles tels qu'ils sont effectués aujourd'hui : « Les professionnelles font aussi des consultations, elles accueillent des enfants, elles animent des temps dans les PMI. Il y a une rigidité qui fait qu'on est moins réactif. »

Et puis comment s'assurer du respect des règles, celle du taux d'encadrement par exemple, quand on prévient en amont le gestionnaire de sa visite ? C'est une des batailles les plus difficiles à mener, particulièrement dans les structures privées. Au cours de notre enquête, une ancienne directrice de crèche privée nous a notamment révélé l'existence de ceux qu'elle appelait ses « personnels fantômes » : « En amont d'un contrôle PMI, je devais préparer un certain nombre de documents que je renvoyais ensuite au siège pour vérification. Quand les papiers me revenaient, je découvrais qu'on m'avait ajouté des dossiers de salariées qui ne travaillaient pas dans ma crèche ! nous raconte-t-elle. Je les appelais mes personnels fantômes. » Elle nous dit aussi que, les jours de visite PMI, des salariées des crèches environnantes pouvaient être appelées en renfort pour respecter le taux d'encadrement qui est, rappelons-le, d'un adulte

1. Entretien avec l'une des autrices, 17 février 2023.

pour cinq bébés et d'une adulte pour huit marcheurs. Les directions des groupes démentent formellement et assurent tous être en règle.

Dans les faits, nos interlocuteurs de PMI relèvent qu'il existe quand même une vigilance sur ces pratiques, déjà rencontrées. « Quand nous poussons un peu en demandant l'organigramme, on va constater que les personnes présentes dans la crèche ne sont pas dessus car elles ont été appelées en renfort, explique Émilie Boudon. On nous répond alors qu'il y a une politique de faire appel à de l'intérim. [...] On leur dit : oui vous êtes en conformité au niveau réglementaire mais au niveau de la continuité d'accueil et de la sécurité affective, vous ne répondez pas au projet, vous n'êtes pas dans les clous. » Ces pratiques suscitent donc une attention particulière : « Nos professionnelles peuvent se rendre compte qu'une personne n'interagit pas de manière fluide, ni avec les enfants ni avec l'équipe, comme si elle n'en faisait pas partie. Si elles sont inquiètes, elles reviendront », assure une autre responsable des contrôles que nous avons questionnée.

Passons aux visites inopinées. Actuellement, quand un signalement arrive au bureau des modes d'accueil des Alpes-Maritimes, il peut s'écouler plusieurs jours, jusqu'à quinze, avant qu'un contrôle inopiné soit effectué dans la crèche. Ailleurs en France, la situation n'est pas très différente. Lorsqu'ils reçoivent un signalement, les services de PMI que nous avons questionnés nous disent être en mesure de visiter la crèche de manière inopinée, dans un délai d'un jour à deux semaines, donc, en fonction de la gravité des faits rapportés. Cela alors que, nous l'avons dit, les signalements augmentent, même si les chiffres restent faibles au regard du nombre d'EAJE. En Haute-Garonne par exemple, 23 alertes sont remontées à la PMI en 2021 puis 37 en 2022. En Seine-Saint-Denis, il y en a eu 8 en 2019 puis 13 en 2022. Sans l'objectiver par des chiffres, d'autres interlocuteurs nous le confirment également : « Le drame de Lyon a été extrêmement médiatisé. On a constaté un peu d'emballement après ça. Mais de manière plus générale, ces deux dernières années, les parents sont souvent beaucoup plus enclins à faire des signalements et même parfois à déposer plainte, nous explique le responsable du bureau des modes d'accueil dans les Yvelines. On a pu être amené à faire des visites de crèches en présence de policiers. »

La responsable des modes d'accueil des Alpes-Maritimes fait le même constat :

« On a des parents qui nous disent qu'il y a trop de *turn-over*, que ça fait six mois que leur enfant est accueilli dans cette crèche et qu'ils ne voient jamais la même personne le matin au moment de l'accueil. Ça peut aussi être des problèmes dans le soin, avec beaucoup de griffures ou de morsures, détaille Émilie Boudon. En regardant à la loupe, on se rend compte que ça va souvent être les mêmes établissements ou les mêmes gestionnaires qui sont concernés. On va alors regarder comment sont gérés les conflits entre enfants, comment se passe la surveillance : qui s'occupe des enfants ? Y a-t-il suffisamment de jeux pour qu'ils ne se dévorent pas entre eux ? »

Souvent, une contre-visite va s'imposer. Emilie Bourdon, elle, se dit déterminée.

« Depuis 2022, nous avons renforcé nos visites de suivi de préconisation, c'est-à-dire qu'on revient après la visite inopinée. Ça montre aux gestionnaires qu'on ne va pas les lâcher si on les a dans le viseur. On est prêtes à y aller toutes les semaines pendant un mois s'il le faut, décrit Émilie Boudon, lançant : Il ne faut pas nous prendre pour des idiotes. [...] Nous envisageons notre mission davantage comme un accompagnement que comme un contrôle, donc nos premières visites vont plutôt être bienveillantes, explique-t-elle. Mais si on nous prend pour des idiotes, on passe au niveau supérieur et on va être vraiment sur quelque chose de très réglementaire. »

Cette volonté forte de faire respecter la réglementation, nous l'avons beaucoup entendue. « On regarde vraiment tout de fond en comble », assure notre ancienne responsable d'une PMI francilienne. « Sur le bâtimentaire, on regarde chaque pièce, on regarde le règlement de fonctionnement, le projet pédagogique, on demande à voir les papiers administratifs de chaque personnel, on s'assure qu'il y a bien le casier judiciaire, que les diplômes ont bien été demandés, que les formations sont faites...» énumère Sandrine. Et cette liste ne s'arrête pas là : «On observe, on vérifie que les jeux proposés sont aux normes, que la pièce de sommeil est adaptée, que les repas aussi. On s'assure que les protocoles médicaux sont respectés.»

Et ensuite? Que se passe-t-il si des dysfonctionnements sont constatés? La PMI dispose de moyens qui peuvent apparaître dérisoires, au regard par exemple des graves maltraitances révélées dans le rapport de l'Igas d'avril 2023. Elle rédige un procès-verbal, elle émet des recommandations, des exigences. À Paris par exemple, les services de PMI, quand ils ont à gérer «des situations inacceptables», nous décrivent ce qui peut suivre : «Immédiatement, on convoque les gestionnaires, on exige des changements. S'il n'y a pas le ratio de personnel par exemple, on est amenés à réduire le nombre d'agréments et on autorise le retour à la pleine capacité d'accueil uniquement si les recrutements nécessaires ont été opérés et si les ratios d'encadrement sont respectés. On y retourne un mois après pour vérifier. [Si on fait] ça, c'est très contraignant pour le gestionnaire.»

En cas de suspicions lourdes, la PMI peut demander une fermeture de l'établissement à la préfecture, qui aura le dernier mot. «Nous pouvons toujours retourner régulièrement dans la crèche... soupire Sandrine. Et signaler, signaler, signaler. En réalité, la PMI n'a pas un pouvoir décisionnaire énorme.»

D'autant plus quand certains gestionnaires privés s'avèrent procéduriers vis-à-vis de la PMI. «Nous avons récemment émis un avis défavorable sur le fonctionnement d'une crèche en DSP. Vingt-quatre heures plus tard, nous avons reçu un courrier du groupe qui contestait point par point notre rapport! Et il a été envoyé avec accusé de réception, comme si le groupe se mettait déjà dans la logique d'aller au contentieux au tribunal administratif, nous raconte Ève Robert, la directrice adjointe aux solidarités du conseil départemental de Seine-Saint-Denis. On observe que le contrôle se judiciarise, notamment face à des groupes, qui ont les moyens de contester pied à pied une décision, de multiplier les voies de recours, etc., poursuit-elle. Il faut qu'on puisse garantir la solidité juridique de nos décisions.» Dans cette idée, le département vient d'accueillir un nouvel employé : un chargé d'études juridiques, qui va accompagner «la montée en compétences» des équipes de la PMI.

Avec la tempête que traverse le secteur de la petite enfance, le rôle essentiel des PMI se retrouve sous le feu des projecteurs. Pourtant, un mouvement de fond, en cours depuis les années 1990, fait que les effectifs diminuent et que les budgets s'étiolent. Nous en voulons pour preuve le rapport Peyron[1], paru en 2019, et qui indiquait qu'«entre 2013 et 2017, le budget des PMI accusait une

1. Rapport de Michèle Peyron, «Pour sauver la PMI, agissons maintenant!», 17 juin 2019.

baisse significative de 4 % et que le manque de médecins (jusqu'à 50 % de postes vacants dans certaines PMI) allait s'aggraver puisque deux tiers des médecins de PMI allaient atteindre l'âge de la retraite d'ici 2020». Le même rapport révélait que «l'activité autour des modes de garde mobilisait de l'ordre de 20 à 30 % du temps des agents», conduisant à «un rétrécissement de l'activité sanitaire des PMI en direction des publics fragiles». Et le rapport d'énoncer une recommandation qui en a fait bondir plus d'un : celle de «transférer aux CAF l'agrément et le contrôle des modes de garde».

«On ne met pas en cause la CAF, prévient d'emblée Pierre Suesser, médecin de PMI et membre fondateur du collectif Pas de bébés à la consigne, vent debout contre cette idée. Bien entendu que la CAF se préoccupe de la qualité de l'accueil mais si par ailleurs, elle a une autre préoccupation qui est celle de créer des places, on se demande comment elle va arbitrer entre les deux[1].» Avec ses collègues du Syndicat national des médecins de PMI, il s'est récemment fendu de plusieurs tribunes[2] incisives pour alerter des risques de ce changement de pratiques : «Les services de PMI réunissent deux qualités essentielles pour s'assurer de la qualité des modes d'accueil : la neutralité à l'égard des porteurs de projet et l'expertise professionnelle en

1. Entretien avec les autrices, 25 octobre 2022.

2. «Après le scandale des Ehpad, assurons-nous du bien-être des bébés accueillis», *Le Monde*, 23 février 2022.

santé et petite enfance. [...] Leur mission principale [...] détermine leur critère de décision : la qualité d'un accueil soucieux des besoins des enfants et des familles. Non pas l'optimisation financière. »

Ce projet, qui fait l'objet d'une expérimentation en Haute-Savoie, reçoit un accueil plus que frileux. « Nos missions sont complémentaires, pas interchangeables ! » réagit la PMI de Gironde. « La CAF a quand même un objectif de création de places, et c'est normal, il y en a besoin, mais nous, PMI, nous sommes garants que ça ne se fasse pas au détriment de la qualité d'accueil », estime aussi Émilie Boudon, la responsable des modes d'accueil des Alpes-Maritimes.

Dans une note que nous avons pu consulter, le projet de décret présenté à la commission d'action sociale de la Cnaf, le 8 février 2022, prévoyait notamment, dans le cadre de cette expérimentation, la mise en place de « grilles d'autoévaluation annuelles » et « des contrôles systémiques *a minima* tous les cinq ans, en complément des contrôles diligentés en cas de difficultés ». Ces recommandations vont à l'encontre de la tendance des PMI à augmenter la fréquence de leurs contrôles.

Du côté des entreprises de crèches, on se dit déjà surveillés de près : « Les gestionnaires privés sont rodés sur les contrôles ! Il y a ceux des PMI, ceux de la CAF, ceux de la direction des services vétérinaires, ceux de la Direction départementale de protection des populations (DDPP), énumère la porte-parole de la FFEC Elsa Hervy. On a récemment découvert ceux de la DGCCRF ! Il y a potentiellement tous les autocontrôles qu'on fait, les audits internes. Et puis, on a des adhérents qui sont tellement motivés par la culture du contrôle qu'ils se lancent dans des processus de labellisation et de certification de service», poursuit-elle, faisant référence aux labels et autres certifications externes qui essaiment parmi les entreprises de crèches privées ces dernières années.

Lorsqu'il intervient sur le sujet des contrôles financiers à l'occasion du Printemps de la petite enfance, le directeur du département gestion et financement de l'action sociale de la Cnaf, Vincent Nicolle, assure, chiffres à l'appui, qu'aucune différence de traitement n'existe entre les établissements : un peu plus de 4000 contrôles financiers seraient effectués chaque année dans les 15000 crèches en France, qu'elles soient privées, publiques ou associatives. Que contrôle concrètement la CAF? «On reprend l'activité de la structure, on regarde si tout ce qui a été déclaré a bien été justifié. C'est un travail laborieux pour nous, et aussi pour les gestionnaires car on les abreuve d'un certain nombre de demandes de justificatifs[1] », explique Vincent Nicolle.

Détail intéressant : certains établissements utilisent des «stratégies déclaratives», affirme le

1. Propos tenus à l'occasion du Printemps de la petite enfance, 20 mars 2023.

directeur du département gestion et financement, sous-entendant ainsi que ce sont des erreurs intentionnelles, de nature, nous l'avons vu précédemment, à récupérer davantage d'argent public. Celles-ci seraient «plus importantes» dans le privé que dans le public. Malgré tout, explique-t-il encore en public ce jour-là, la Cnaf n'a aucun moyen juridique à sa disposition pour faire la chasse aux fraudeurs. Et quand des dysfonctionnements sont constatés, que se passe-t-il? Aucune pénalité financière n'existe mais des redressements sont alors effectués et les sommes d'argent public versées de manière indue doivent être remboursées. Par ailleurs, dans chaque département, si la CAF se rend compte que la structure accueille des enfants en surnombre, un signalement peut être effectué à la PMI. «Il y a un enjeu à ce que l'ensemble des contrôleurs travaillent de manière articulée», insiste-t-il.

Nous l'avons déjà dit, le rapport choc de l'Igas d'avril 2023 préconise un meilleur contrôle financier des établissements privés, et particulièrement des micro-crèches, par la CAF. Il reprend aussi une étude menée auprès des PMI par la Direction générale de la cohésion sociale en 2022, qui révèle que «53 % des conseils départementaux ayant répondu font état de préoccupations quant à la qualité de l'accueil et de la sécurité au sein des EAJE présents sur leur territoire [...]. Parmi eux, 16 % font état de cas de maltraitance et d'atteinte à l'intégrité des enfants». Les inspecteurs préconisent notamment d’élaborer un «référentiel des bonnes pratiques» et «un guide de contrôle qui traduise des critères de qualité», afin de sortir des contrôles «qui se concentrent presque exclusivement sur les questions d’hygiène et de sécurité».

Lors des visites qu’elle a effectuées, Sandrine, cette responsable de PMI sur le point de quitter son service, en a vu, des équipes qui manquaient de temps pour se pencher sur l’éveil des tout-petits. De son poste, elle a observé pendant des années la lassitude et la démotivation gagner les professionnelles des crèches. Elle a donc fini par avoir envie de les aider, plus que de les contrôler. Désormais, la jeune femme se concentre sur sa nouvelle carrière : elle compte accompagner les étudiantes et les professionnelles de la petite enfance à se former et à s’épanouir dans leur vie professionnelle. Son chantier, immense, sera déterminant pour l’avenir du secteur.

Conclusion

Après le déluge

Depuis quelques jours, le chaos semble s'être emparé du monde des crèches. Dans son ensemble, le secteur tangue. Les syndicats se disent soulagés, enfin entendus. Les professionnels éprouvent des sentiments mélangés, entre honte et abattement. Les parents sont inquiets. Dans le rapport que l'Igas vient de dévoiler au grand public, en ce début du mois d'avril, le mot « maltraitance » est enfin prononcé par les pouvoirs publics. Martelé, même. Pour mener à bien ce travail, les inspecteurs qui dénoncent des « risques de maltraitances individuelles et institutionnelles » se sont rendus dans trente-six établissements d'accueil rencontrer les responsables et les professionnels du secteur. Ils ont également diffusé trois questionnaires adressés aux directeurs d'établissement, aux professionnels. Certains témoignages sont éprouvants. Pour une fois, les crèches, qu'elles soient privées, publiques, associatives, font les gros titres de l'actualité, apparaissant en lettres capitales sur les bandeaux déroulants des chaînes d'information. Après nos personnes âgées, est-ce ainsi que nos enfants sont traités, si peu considérés ? La question chamboule les Français.

Nous sommes le 14 avril 2023, il pleut des trombes sur Paris et nous avons rendez-vous près de l'Assemblée nationale pour un ultime entretien. Père de deux jeunes enfants, fils d'un couple d'infirmiers, William Martinet, le député (LFI) des Yvelines, a annoncé dans la foulée du rapport de l'Igas qu'il voulait lancer une « commission d'enquête » sur la « qualité d'accueil » en crèche pour éviter que nos enfants subissent le même sort que nos aînés dans les maisons de retraite privées. Il a choisi un prisme bien précis qui est aussi le nôtre : les entreprises de crèche privées.

« Plus ça va, plus je suis inquiet, nous confie devant un café le député de trente-cinq ans. Il ne s'agit pas d'empêcher la dérive, elle est déjà extrêmement avancée. » Dans ce bistrot situé un peu en retrait de l'Assemblée, surtout fréquenté par des touristes étrangers venus se réfugier du déluge, le sujet de notre conversation jure un peu. William Martinet nous expose son raisonnement : « La maltraitance concerne les crèches publiques également, bien sûr. Mais ce qui m'a le plus convaincu de la responsabilité du privé lucratif, c'est qu'en discutant avec des professionnelles ayant vécu les deux expériences, du privé et du public, j'ai senti à quel point elles étaient soulagées d'être retournées travailler dans le public.» Ce trentenaire est convaincu que «la recherche du profit, le mode de fonctionnement du privé lucratif, le management ne font qu'amplifier les dérives». Du côté des entreprises, on conteste formellement cette vision mais en contrôlant les comptes du secteur, en imposant aux différents acteurs du privé de venir répondre sous serment à l'Assemblée nationale, cette commission d'enquête, espère le député, permettrait de faire bouger les lignes.

William Martinet a l'intention de «faire vivre ce sujet politiquement». «C'est un terrain en friche», lâche-t-il. Il a peu d'espoir que l'Assemblée, au regard du rapport de force en présence, lui accorde cette commission mais il estime avoir tout à construire. Les prochains mois seront déterminants. En 2022, Emmanuel Macron a bien déclaré qu'il voulait faire de la protection de l'enfance une grande cause de son second quinquennat.

La période est dense. Début juin, la première ministre Elisabeth Borne va annoncer les grands contours de son «service public de la petite enfance». Plus concrètement, il s'agit d'impulser une grande réforme du secteur des crèches et des assistantes maternelles. L'objectif est d'assurer aux couples souhaitant avoir un enfant, dans les années à venir, qu'ils disposeront bien d'un mode de garde avant l'entrée à l'école maternelle à trois ans. Dans ce but, 200 000 nouvelles places d'accueil sont promises d'ici 2030. Le gouvernement s'apprête également à annoncer qu'il investira près de 5,5 milliards d'euros supplémentaires pour la petite enfance, une enveloppe conséquente. Des négociations sont aussi en cours avec les partenaires sociaux autour de potentielles revalorisations salariales pour les salariées. Ainsi va la vie de la politique familiale dans notre pays. Alors que la France a longtemps été érigée en modèle, favorisant l'activité des femmes, encourageant la natalité, elle apparaît aujourd'hui à la traîne face à un pays comme l'Allemagne qui a fortement investi en faveur de la petite enfance ces dernières années. Notre taux de natalité n'a jamais été aussi faible. Nous l'avons vu, dans l'Hexagone, l'offre d'accueil en crèche est inégalement répartie sur le territoire et ne bénéficie qu'aux plus favorisés. 40 % des enfants français n'ont encore aucune solution.

Finalement, la France ne mettra pas en place de « droit opposable à la garde d'enfant » sur le modèle allemand. L'idée, pourtant évoquée par Emmanuel Macron pendant la campagne pour la présidentielle de 2022, ne verra pas le jour. Outre-Rhin, depuis 2013, les municipalités ont l'obligation de garantir un nombre suffisant de places d'accueil et risquent des sanctions financières en cas de carences. En clair, les parents peuvent saisir les tribunaux s'ils ne trouvent aucun mode de garde.

Même sans cette mesure, le « service public de la petite enfance » tel qu'il sera esquissé dans les prochains jours reste déterminant pour le secteur. Il devrait accorder davantage de responsabilités et donc davantage de moyens aux communes pour permettre le développement de places d'accueil. Véritables «autorités organisatrices» de la petite enfance sur leur territoire, elles devront désormais recenser les besoins des parents, connaître quelles sont les places disponibles et trouver, le cas échéant, des solutions aux familles qui n'en ont pas. «Qui dit service public dit un service égal à l'ensemble des familles, quel que soit le territoire, mais aussi un service de qualité avec des professionnelles en nombre et dotées des formations nécessaires[1]», résume Xavier Madelaine, maire (SE) d'une petite commune normande et coprésident du groupe de travail petite enfance de l'association des maires de France (AMF).

Voilà plus d'un an que nous travaillons sur l'essor des crèches et micro-crèches privées du pays. Nous avons pour cela mené des centaines d'entretiens, sillonné le territoire, tenté de prendre le pouls de ce secteur comme on ausculte un malade. Nous regrettons que certaines personnes que nous avons sollicitées, et notamment les dirigeants du groupe People and Baby, n'aient pas souhaité nous rencontrer. À la toute fin de notre enquête, après des semaines d'attente, une nouvelle interlocutrice expliquant «accompagner la communication de l'entreprise» People and Baby nous a contactées afin de nous proposer de «fluidifier les échanges», a-t-elle dit. Nous étions en train de clore l'enquête et avons fait remarquer à cette personne, spécialiste

1. Entretien avec l'une des autrices, 6 décembre 2022.

de la communication de crise à l'agence Havas, qu'il était un peu tard.

À la lumière des informations que nous avons récoltées, nous sommes parvenues à la conclusion que le soin et l'attention accordés à nos jeunes enfants sont difficilement compatibles avec des exigences élevées de rentabilité financière. Le secteur de la petite enfance vit aujourd'hui une intense, et nécessaire, remise en question. Il s'agit d'en profiter pour repartir sur de nouvelles bases, mettre en place de nouvelles règles.

Avant même de concentrer les efforts sur la création rapide de nouvelles places d'accueil pour les jeunes enfants dans notre pays, il nous semble évident que la question du low cost doit être portée au débat mais aussi celle, essentielle, de la qualité des modes de garde qui restent à créer. « Il faut changer de paradigme, martèle l'adjointe (LR) au maire de Nancy Élisabeth Laithier et présidente du comité de filière Petite Enfance. On a peut-être perdu de vue que ces services aux familles sont avant tout des services à rendre aux enfants. Remettons l'enfant au centre du sujet. Mais le prérequis, bien sûr, c'est le travail sur les professionnelles, la revalorisation de leur travail. Quelqu'un qui est maltraité ne peut pas être bien traitant », poursuit cette spécialiste du sujet qui appelle l'ensemble des acteurs – CAF, PMI, associations, pouvoirs publics et entreprises – à faire évoluer leurs pratiques.

Avant de clore cet ouvrage, il nous semblait enfin important d'évoquer quelques pistes d'amélioration.

Différentes recommandations, parfois très concrètes, portées par les inspecteurs de l'Igas, ont particulièrement retenu notre attention. Sans vouloir toutes les énumérer, il nous semble important d'en rappeler ici certaines, comme la nécessité de mieux informer les parents sur le rôle et l'utilité de la PMI, de mettre au point des systèmes de remontées d'informations anonymes en cas de maltraitances dans les établissements, de ne jamais laisser une professionnelle seule responsable d'un groupe d'enfants, de revoir les taux d'encadrement et d'avoir un regard particulier sur la formation des professionnelles. Il nous paraît enfin essentiel, sur le plan financier, d'élargir le contenu des contrôles des CAF mais aussi de mettre en place une véritable transparence dans les rapports financiers qui lient les gestionnaires privés et les pouvoirs publics.

Deux mesures que le gouvernement a promis dans le cadre du « service public de la petite enfance » nous semblent à cet effet particulièrement intéressantes. Premièrement, la mise en place rapide d'un système d'information national afin de mieux contrôler les crèches et mieux prévenir les situations de maltraitance. Deuxièmement, le lancement à la rentrée 2023 d'une nouvelle mission de l'Igas, encore une, sur les micro-crèches Paje. Il s'agit ici pour l'État de clarifier les flux financiers.

Ces annonces nous donnent quelques raisons d'espérer et penser que le gouvernement commence à prendre la mesure des dysfonctionnements du secteur.

Nous tenons enfin à rappeler que notre travail n'aurait jamais pu voir le jour sans la confiance et le temps que nous ont accordés nos interlocuteurs qui ont souvent été, au sein des crèches, des interlocutrices. Désormais, nous le savons tous, les trois premières années sont déterminantes dans la construction de l'individu. Ces femmes, pour leur majorité, se battent encore au quotidien pour favoriser l'éveil des jeunes enfants. Nombreuses sont celles qui résistent, y croient encore. Celles qui ont abandonné ont souvent fait de leur mieux. D'autres prendront bientôt la relève. Espérons qu'elles seront nombreuses à assumer cette immense responsabilité qui est celle d'accompagner et prendre soin de nos jeunes enfants.

Liste des sigles et abréviations

Acepp	Association des collectifs Enfants parents professionnels
ADP	Aéroports de Paris
AMF	Association des maires de France
AMF	Association Montessori de France
Anapsy	Association nationale des psychologues pour la petite enfance
CAF	Caisse d'allocations familiales
CES	Consumer Electronics Show
Cese	Conseil économique, social et environnemental
Cesu	Chèque emploi service universel
Cice	Crédit d'impôt pour la compétitivité et l'emploi
Cifam	Crédit impôt famille
CMG	Complément mode de garde

Cnaf	Caisse nationale des allocations familiales
CNRS	Centre national de la recherche scientifique
COG	Convention d'objectifs et de gestion
DDPP	Direction départementale de protection des populations
DGCCRF	Direction générale de la concurrence de la consommation et de la répression des fraudes
DGS	Direction générale des services
DSP	Délégation de service public
EAJE	Établissement d'accueil du jeune enfant
EBE	Excédent brut d'exploitation
Ehpad	Établissement d'hébergement pour personnes âgées dépendantes
EJE	Éducateur de jeunes enfants
Elfe	Étude longitudinale française depuis l'enfance
ETP	Équivalent temps plein
FESP	Fédération du service aux particuliers
FFEC	Fédération française des entreprises de crèches
FNEJE	Fédération nationale des éducateurs de jeunes enfants
Hadopi	Haute Autorité pour la diffusion des œuvres et la protection du droit sur Internet

HATVP	Haute Autorité pour la transparence de la vie publique
HCFEA	Haut Conseil de la famille, de l'enfance et de l'âge
Igas	Inspection générale des affaires sociales
Ined	Institut national des études démographiques
Ires	Institut de recherches économiques et sociales
ISMM	Institut supérieur Maria-Montessori
JO	Journal officiel
LFI	La France insoumise
LPCR	Les Petits Chaperons rouges
Medef	Mouvement des entreprises de France
NPS	Net Promoter Score
Paje	Prestation d'accueil du jeune enfant
PMI	Protection maternelle et infantile
PS	Parti socialiste
PSU	Prestation de service unique
Remi	Regroupement des entreprises de micro-crèches
SCI	Société civile immobilière
SNPPE	Syndicat national des professionnels de la petite enfance
Unaf	Union nationale des associations familiales

Remerciements

Nous remercions l'ensemble des personnes qui nous ont aidées dans cette enquête en acceptant de partager leur expérience, replonger dans leurs souvenirs. Certaines ont souhaité rester anonymes. Nous leur adressons ici notre plus sincère et discrète reconnaissance.

Merci aussi à la rédaction du *Parisien* pour sa confiance.

À nos éditeurs, enthousiastes, Céline Poiteaux et Gabriel Zafrani.

Merci à Lucie Grandjean pour sa patience et sa rigueur.

Merci à Elisabeth Laithier et Sylviane Giampino pour leur connaissance fine du sujet, leur regard éclairant.

Merci à Timothée Boutry, Ava Djamshidi, Nicolas Meijer, Sébastien Ramnoux, pour leur aide.

Merci à Claire, Vanessa, Nicolas de nous avoir mis sur la piste.

Merci à nos attentives – et rapides – relectrices, conseillères et bien plus encore, Emmanuelle, Violette et Marie.

À tous ceux qui ont participé à ce travail, de près ou de loin, par leur écoute, leurs conseils, leur intérêt.

Merci à Jules, pour son ingéniosité et son soutien sans faille, et à Pénélope et Daphné.

Merci à Ambroise, pour son soutien si vivifiant, merci à Victor et Joseph, pour leur énergie et pour leurs rires.

Table des matières

La photocomposition de cet ouvrage
a été réalisée par
GRAPHIC HAINAUT
76, rue de Nancy
59100 Roubaix

Imprimé en France par
CPI Brodard & Taupin
en août 2023

N° d'édition : 65850/01 – N° d'impression : 3053212